dtv

Die 114 Suren des Heiligen Buches der Muslime bestehen aus Weissagungen und Gerichtsreden, aus Ermahnungen, Belehrungen, Prophetenerzählungen, Predigten und gesetzesähnlichen Vorschriften. Mit seinen Überschneidungen und Wiederholungen, mit seiner Formelhaftigkeit und seinen Ausschmückungen ist der – deswegen auch sehr umfangreiche – Koran für Laien schwierig zu handhaben und zu verstehen. Die vorliegende Auswahl bietet eine erste Orientierung und ermöglicht ein besseres Verständnis dieser Religion, der heute fast eine Milliarde Gläubige angehören.

Dr. Yüksel Yücelen, geboren 1932 in Kütahya/Türkei, studierte Chemie und physikalische Chemie in Istanbul und Zürich und arbeitete 25 Jahre als Physiker bei einem Münchner Unternehmen. Er lebt heute wieder in der Türkei.

Was sagt der Koran dazu?

Herausgegeben von Yüksel Yücelen

Deutscher Taschenbuch Verlag

Originalausgabe
1. Auflage Juli 1986
5. Auflage Dezember 2001
© Deutscher Taschenbuch Verlag GmbH & Co. KG, München
www.dtv.de
Das Werk ist urheberrechtlich geschützt.
Sämtliche, auch auszugsweise Verwertungen bleiben vorbehalten.
Umschlagkonzept: Balk & Brumshagen
Umschlagfoto: Portal der Kaljan Moschee, Buchara
(© Kurt-Michael Westermann)
Gesamtherstellung: Druckerei C. H. Beck, Nördlingen
Printed in Germany · ISBN 3-423-30176-7

Inhalt

Ich lebe seit 25 Jahren in München und habe einen technischen Beruf. Meine Religion, der Islam, interessiert mich schon seit dem Schulalter. Als heiliges Buch durfte der Koran damals nicht in meine Muttersprache, das Türkische, übersetzt werden. Wie jeder andere habe auch ich einige Suren und Verse aus dem Koran soweit auswendig gelernt, daß ich das Gebet verrichten konnte. Als ich 1955 nach Europa kam, habe ich meinen ersten Koran in deutscher Übersetzung gekauft und mit großem Interesse gelesen. Ich war sehr verwundert darüber und habe bedauert, daß es uns vorher nicht möglich gewesen war, das heilige Buch zu lesen. Inzwischen ist der Koran in mehreren Ausgaben in türkischer Sprache erschienen. Aber meine Landsleute werden ihn nicht leicht lesen können. Denn es sind Abschnitte darin, die man nicht verstehen kann, wenn man den damaligen religiösen und geschichtlichen Hintergrund nicht kennt. Die religiösen Vorschriften sowie die moralischen und bürgerlichen Gebote sind über viele Suren verstreut. Und es gibt zu viele Wiederholungen im Koran. Goethe hat dazu in den ›Noten und Abhandlungen zum Westöstlichen Divan‹ gesagt: »Genaue Vorschriften von Dingen, die erlaubt und verboten sind, legendarische Erzählungen von jüdischer und christlicher Religion, Erweiterungen aller Art, endlose Tautologien bilden den Körper dieses heiligen Buches, das uns, sooft wir uns ihm nähern, von neuem abstoßend ist, dann uns immer von neuem anzieht und mit Bewunderung erfüllt und uns endlich zur Verehrung zwingt.«

Vor einigen Jahren habe ich mir das Ziel gesetzt, eine nach Themen alphabetisch geordnete, leicht zu lesende Zusammenfassung des Korans herauszugeben. Sie sollte die häufig von meinen deutschen Freunden und Bekannten gestellten Fragen beantworten. Diese Arbeit konnte ich aber erst bewältigen, als ich mir vor einem Jahr einen Computer zugelegt hatte. Mit Hilfe eines Textverarbeitungssystems war es möglich, themenbezogene Texte zu speichern und Wiederholungen nach sorgfältigem Abwägen zu sortieren. Unter vielen Übersetzungen habe ich meinen ersten Koran, ›Der heilige Qur'an‹ der Ahmediyya-Mission, gewählt. Nur wenige Stellen habe ich aus anderen Übersetzungen, wie z. B. der von Rudi Paret, übernommen. Bevor ich die endgültige Version schrieb, mußte ich jeden Vers in allen Büchern vergleichen. Bei manchen Stellen habe ich einen arabischen Bekannten zu Rate gezogen.

Zum besseren Verständnis des Textes und einiger Fachausdrücke habe ich (wenn nicht vom jeweiligen Übersetzer schon gemacht) Erklärungen in Klammern hinzugefügt. Ansonsten habe ich die Verse ohne weitere Erläuterungen im Originaltext belassen.

Ich wünsche allen Lesern, daß sie auf ihre Fragen schnell die Antwort »im Original« finden. Um ihnen das Verständnis zu erleichtern, habe ich in der folgenden Einführung einige grundlegende Informationen und Hinweise über den Islam und den Koran gegeben.

München, im Frühjahr 1986

Der Koran

Der Koran ist die Heilige Schrift der Muslime. Das Wort »Muslim« ist von »Islam« abgeleitet. Islam bedeutet »Hinwendung zu Gott«. Das Wort »Koran« stammt von der arabischen Wortwurzel *kara*, das bedeutet »lesen« oder »rezitieren«. Der Koran wurde von Allah, »dem alleinigen, einzigen Gott«, in den Jahren von 610 bis 632 n. Chr. dem Gesandten Mohammed offenbart:

> Lies im Namen deines Herrn, der erschuf,
> Erschuf den Menschen aus einem Embryo.
> Lies! Denn dein Herr ist der Allgütige,
> Der lehrte durch die Feder,
> Den Menschen lehrte, was er nicht wußte.
>
> Ajats 1–5 der 96. Sure,
> die als erste offenbart wurde

»Heute habe Ich eure Glaubenslehre für euch vollendet und meine Gnade an euch erfüllt und euch den Islam zum Bekenntnis erwählt.« (Vom 3. Ajat der 5. Sure, die zuletzt offenbart wurde.) Der Koran ist die Fortsetzung früherer Lehren: »Er hat herabgesandt zu dir das Buch mit der Wahrheit, Erfüllung dessen, was ihm vorausging; und vordem sandte Er herab die Thora und das Evangelium als eine Richtschnur für die Menschen.« (3:3) »Er verordnete euch eine Glaubenslehre, die Er Noah anbefahl und die Wir dir offenbart haben und die Wir Abraham und Moses und Jesus auf die Seele banden: Nämlich, bleibet standhaft im Gehorsam, und seid nicht gespalten darin.« (42:13) Der Koran ist nicht nur an die Landsleute Mohammeds, sondern an alle Welt gerichtet.

Die Urschrift des Korans ist bei Allah: (Ich schwöre:) »Es ist ein vortrefflicher Koran, (im Original droben im Himmel?) in einer wohlverwahrten Schrift.« (56:77, 78) »Es ist ein ruhmvoller Koran, auf einer wohlverwahrten Tafel.« (85:21, 22)

Der Koran wurde »in deutlicher arabischer Sprache (offenbart).« (26:195) Trotzdem spricht der Koran alle Menschen an: »Es ist nichts anderes als eine Mahnung für alle Welten.« (68:52)

Der Koran wurde in Abschnitten offenbart: »Den Koran haben Wir in Abschnitten offenbart, damit du ihn den Menschen stückweise vortragen mögest, und Wir sandten ihn nach und nach hinab.« (17:106)

Es war der dritte Kalif Othman (644–656), der den Adoptivsohn Mohammeds, Zaid bin Thabit, der zugleich einer der Schreiber des Propheten war, mit der Sammlung der Koran-Texte beauftragte. 653 erhielt der Koran seine endgültige Form. Das heilige Buch umfaßt 114 Suren unterschiedlicher Länge. Jede Sure ist in fortlaufend bezifferte Verse (arab. *ajat*, »Wunderzeichen«) unterteilt. Mit Ausnahme der 9. Sure führen alle Suren als Einleitungsvers:

Bis-mil-la-hir rah-ma-nir rahim.

(Im Namen Allahs, des Gnädigen, des Barmherzigen.)

Diesen Satz, abgekürzt *Bismillah*, sagen die Muslime am Anfang jeder Handlung, z. B. wenn man aufsteht, das Haus verläßt, zu essen beginnt. Am Ende einer Handlung dankt man Allah mit dem Wort *al-hamd-ul-lil-lah.*

Jede Sure trägt ein Stichwort als Überschrift. Der Ort, an dem die Offenbarung jeweils stattfand – Mekka oder Medina –, wird bei allen Suren angegeben. Die erste, auf dem Berge Hira offenbarte Sure ist die 96.

Mohammed, der letzte Gesandte Allahs

Mohammed wurde am 20. April 570 (?) als Sohn des Abdallah und der Amina aus dem Banu Haschim, einem Zweig der Koreischiten, in Mekka geboren. Schon vor Mohammeds Geburt war sein Vater gestorben, seine Mutter starb, als er sechs Jahre alt war. Er kam zu seinem Großvater Abdalmuttalib. Der starb, als sein Enkel noch nicht zehn Jahre alt war. Er wurde dann bei seinem Onkel Abu Talib aufgenommen.

Mohammed mußte sich bereits in jungen Jahren sein Brot als Hirte und Kameltreiber auf Karawanenzügen verdienen. Er kam so in die Dienste der reichen Handelsfrau Chadidscha, die er etwa im Jahre 595 heiratete. Sie brachte zwei Söhne, die früh starben, und vier Mädchen zur Welt. Bis zu ihrem Tode im Jahre 620 war sie seine einzige Frau. Mohammed starb am 8. Juni 632.

Mohammed war etwa 35 Jahre alt, als er begann, jedes Jahr den Monat Ramadan auf dem Hügel Hira zu verbringen. Dort betete und meditierte er. In der Nacht vom 26. zum 27. Ramadan 610 erhielt er dann die erste Offenbarung durch den Engel Gabriel:

> Lies im Namen deines Herrn, Der erschuf,
> Erschuf den Menschen aus einem Embryo.
> Lies! Denn dein Herr ist der Allgütige,
> Der (den Menschen) lehrte durch die Feder,
> Den Menschen lehrte, was er nicht wußte.
>
> (96 : 1–5)

Seine Frau wurde die erste Gläubige. Nach zwei Jahren trat Mohammed öffentlich auf und predigte den Glauben an einen einzigen Gott. Die Mekkaner verehrten damals aber drei Göttinnen, al Uzza, al Lat und al Manat, und wollten ihm nicht folgen. So entschloß er sich 622, mit den ersten Muslimen nach Jathrib, dem späteren Medina, »der Stadt« des Propheten, auszuwandern. Dieser Zeitpunkt, die Hidschra (Auswanderung), ist der Beginn der islamischen Zeitrechnung. Im Jahre 630 kehrte Mohammed nach Mekka zurück. Im März 632 leitete er die Wallfahrt, die bis heute unverändert nachvollzogen wird.

Mohammed war der letzte Gesandte: »Er (Mohammed) ist der Gesandte Allahs und das Siegel der Propheten.« (33 : 40)

Vor ihm hatte es zahlreiche Gesandte gegeben: »Wahrlich, Wir sandten dir Offenbarung, wie Wir Noah Offenbarung sandten und den Propheten nach ihm; und Wir sandten Offenbarung Abraham und Ismael und Isaak und Jakob und (seinen) Söhnen und Jesus und Hiob und Jonas und Aaron und Salomo und Wir gaben David ein Buch.« (4 : 163) »Mohammed ist nur ein Gesandter.« (3 : 144) Die Muslime sollen aber auch Mohammed gehorchen: »O die ihr glaubt, gehorchet Allah und seinem Gesandten.« (8 : 20)

Die Gewohnheiten des Propheten (»Sunna«) sowie Berichte und Überlieferungen über seine Handlungsweise (»Hadith«) und seine Aussagen bilden neben dem Koran eine zweite Rechtsquelle. Die Ordnung des täglichen Gebets und der Ritus der Wallfahrt nach Mekka z. B. sind im Koran nicht enthalten. Die Beschneidung der männlichen Kinder – türk. *sünnet* (von Sunna) – wird im Koran nicht erwähnt, ist aber Pflicht für den Muslim.

Der Geburtstag des Propheten wird überall in der islamischen Welt als »Maulud«-Fest gefeiert. In der Türkei heißt das Fest »Mevlid kandili« (Lichterfest zum Maulud, weil die Moscheen beleuchtet werden.)

Viele Dichter haben dazu Gedichte geschrieben. In der Türkei wird das von Süleyman Tschelebi (gest. 1419) geschriebene Gedicht ›Mevlid‹ seit Jahrhunderten rezitiert, und zwar nicht nur am Geburtstag des Propheten, sondern auch am 40. Tag nach einem Todesfall und an jedem Jahrestag des Todes oder in Erfüllung eines Gelübdes. Während der Rezitation des Mevlids wird auch aus dem Koran rezitiert. Dabei wird Scherbet (ein kühles Getränk) serviert, anschließend werden Süßigkeiten verteilt.

Die fünf Pflichten der Muslime

1. Das Glaubensbekenntnis (arab. *schahada*)

> *La-ilaha il-lal-lah Moham-med-ar rasu-lal-lah.*
> »Es gibt keinen Gott außer Allah, Mohammed ist Gesandter Allahs.«

2. Das rituelle Gebet (arab. *salat*)

»Wahrlich, das Gebet hält ab von aller Art Schändlichkeit und Unrecht.« (29 : 45)

2.1. Die rituelle Waschung

Vor der rituellen Waschung spricht man zunächst die Absicht aus und dann *Bismillah* (Im Namen Gottes). »O die ihr glaubt! Wenn ihr zum Gebet hintretet, so wascht euer Gesicht und eure Hände bis zu den Ellbogen, und wischt euch mit den nassen Händen über den Kopf und (wascht) eure Füße, bis zu den Knöcheln. Und wenn ihr unrein seid, reinigt euch (durch ein Bad). Und wenn ihr krank oder auf einer Reise seid (und dabei unrein), oder wenn einer von euch vom Abtritt kommt, oder wenn ihr Frauen berührt habt, und ihr findet kein Wasser, so nehmt feinen Sand und reibt euch damit Gesicht und Hände.« (5:6) »O die ihr glaubt, nahet nicht zum Gebet, wenn ihr nicht bei Sinnen seid, bis ihr wißt, was ihr sprecht.« (4:43) Es ist nicht notwendig, die Waschung vor jedem Gebet zu wiederholen, sondern nur nach rituellen Verunreinigungen: Schlaf, Erbrechen, Bluten, Ohnmacht usw.

2.2. Der Gebetsort

Für das Gebet muß man einen sauberen Ort wählen. Ein Teppich ist nicht notwendig, eine Decke reicht aus. Man muß nicht für jedes Gebet in die Moschee gehen. Ausnahmen: das Freitagsgebet, das Gebet zum Ramadan- und Opferfest, das Zusatzgebet nach dem Nachtgebet im Ramadan *(tarawih)* sowie das Todesgebet. Beim Gebet neigt sich der Muslim in die Richtung der Kaaba in Mekka.

2.3. Die Gebetsrichtung (arab. *kibla*)

»Woher du immer kommst, kehre dein Gesicht gegen die Heilige Moschee; und wo immer ihr seid, kehret euer Antlitz gegen sie.« (2:150)

2.4. Der Gebetsruf (arab. *adhan*)

Die Gläubigen werden fünfmal täglich vom Gebetsrufer (Müezzin) auf dem Minarett zum Gebet aufgefordert:

Al-la-hu akbar, Al-la-hu akbar,
Al-la-hu akbar, Al-la-hu akbar;
asch-hadu al-la-ila-ha il-lal-lah,
asch-hadu al-la-ila-ha il-lal-lah;
asch-hadu an-na moham-madar rasu-lul-lah,
asch-hadu an-na moham-madar rasu-lul-lah;

hai-ja alas-salah, hai-ja alas-salah;
hai-ja alal-falah, hai-ja alal-falah;
Al-la-hu akbar, Al-la-hu akbar;
La ila-ha il-lal-lah.
Allah ist am größten (viermal)
Ich bekenne, daß es keinen Gott gibt außer Allah
    (zweimal)
Ich bekenne, daß Mohammed der Gesandte Allahs ist
    (zweimal)
Erhebe dich zum Gottesdienst (zweimal)
Erhebe dich zum Wohlergehen (zweimal)
Allah ist am größten (zweimal)
Es gibt keinen Gott außer Allah.

2.5. Das Gebet
Zur Verrichtung des Gebetes muß man saubere Kleidung
tragen.
    »Verrichte das Gebet an den beiden Enden des Tages und
in den Stunden der Nacht.« (11 : 114)
    Die Anzahl der Gebete wurde von Mohammed auf täglich
fünf erhöht. Die Gebetszeiten sind:

    die Morgendämmerung: vier Rakats
    der Mittag: zehn Rakats
    der Nachmittag: acht Rakats
    der Abend: fünf Rakats
    die Nacht: dreizehn Rakats.

Die Uhrzeiten dafür werden von religiösen Behörden be-
kanntgegeben.
    Das Gebet wird folgendermaßen verrichtet. Man hebt die
Hände bis zur Höhe der Ohren und spricht: »Ich habe die
Absicht, das (z. B.) Mittagsgebet mit vier Rakats zu verrichten.« Danach wird der Satz *Allahu akbar* (Allah ist am größten) gesprochen und die Hände werden gesenkt. Es folgen
nun die Körperstellungen, die zusammen ein Rakat ergeben:
Stehen, Sichverneigen, Sicherheben, Niederfallen, Sitzen,
Niederfallen und Aufstehen. Bei jedem Wechsel dieser Stel-
lungen werden der Satz *Allahu akbar* und bestimmte Suren
oder Verse aus dem Koran aufgesagt. Zum Beispiel wird am
Anfang des Gebets (also beim Stehen) die obligatorische Sure, die erste Sure des Korans, Al-Fatiha, ausgesprochen:

16

Bis-mil-la-hir-rah-ma-nir-ra-him. Al-ham-du lil-la-hi rab-bil-ala-min. Ar-rah-ma-nir-ra-him. Mali-ki jau-mid-din. Ija-ka na-budu wa ija-ka nas-ta-in. Ihdi-nas si-ratal mus-ta-kim-Sira-tal la-dhina an-amta alai-him. Ghai-ril-magh-dubi alai-him walad-dal-lin.

(1 : 1–7, Übersetzung siehe S. 23)

Die Muslime, die nicht Arabisch sprechen, müssen zur Verrichtung des Gebetes etwa soviel an Koran-Text auswendiglernen, wie eine volle Seite dieses Buches enthält.

Jedes Gebet wird bei der Stellung »Sitzen« mit einem zweimaligen Gruß beendet, während man folgenden Satz ausspricht: *As-salamu alaikum wa rahmatullah!* (Der Friede sei über euch, sowie die Barmherzigkeit Allahs!). Dann dreht man den Kopf zunächst nach rechts. Beim Drehen nach links wiederholt man den Grußsatz nochmals. Nach dem Gebet, vor dem Gruß, kann man Allah um alles bitten, was man will.

3. Die Almosenabgabe (arab. *zakat*)

»Die Almosen sind nur für die Armen und Bedürftigen und für die mit ihrer Verteilung Beauftragten und für die, deren Herzen versöhnt werden sollen, für die (Befreiung von) Sklaven und für die Schuldner, für die Sache Allahs und für den Wandersmann: eine Vorschrift von Allah.« (9:60)

Das Wort Zakat stammt vom Verb *zaka* und heißt »reinigen«. Man gibt Zakat, um sich von Besitzgier und Haß zu reinigen. Gleichzeitig sorgt die Almosenabgabe für den sozialen Frieden. Denn auf diese Weise fließt Geld der Reichen den Besitzlosen und Bedürftigen zu. Außerdem ist Zakat eine Buße für Versündigungen.

Man hat oft versucht – in manchen Ländern wird es heute noch praktiziert –, Zakat wie eine Steuer zu erheben. Es wurden auch Viehherden, Ernten, Edelmetalle und Handelswaren darin einbezogen. Man soll z. B. einen Hammel abgeben, wenn man 40 Hammel besitzt usw.

Der Koran schreibt die Höhe des Zakats nicht vor. Oft wird ein Vierzigstel (also 2,5 Prozent) des Vermögens empfohlen, und zwar erst nachdem man das Vermögen ein Jahr lang in Besitz hat. Zakat sollte einmal jährlich entrichtet werden.

Es gibt im Koran noch einen Begriff für Almosen: Sadaka. Diese Abgabe ist freiwillig, sie kann jederzeit und in beliebiger Höhe abgegeben werden.

4. Fasten (arab. *saum*)

»Wer von euch daher in diesem Monat (Ramadan, daheim) anwesend ist, der möge den ganzen (Ramadan) hindurch fasten.« (2:185)

In der Nacht des 26. zum 27. Ramadan wurde die Verkündigung des Korans begonnen:

> Wahrlich, Wir sandten ihn (den Koran) hinab, in der
> Nacht Al-Kadr (Schicksal, Bestimmung).
> Was weißt du, was die Nacht Al-Kadr ist?
> Die Nacht Al-Kadr ist besser als tausend Monate.
> In ihr steigen die Engel herab und der Geist nach der
> Erlaubnis ihres Herrn – mit jeder Sache.
> Friede währt bis zum Anbruch der Morgenröte.
>
> (97:1–5)

In diesem heiligen Monat, dem neunten des islamischen Kalenders, wird dreißig Tage lang gefastet. Zweimal am Tage ist das Essen erlaubt: vor Sonnenaufgang und nach Sonnenuntergang. Das Fasten ist gültig, wenn man vorher die Absicht ausspricht, und es bleibt gültig, wenn man während des Fastens nichts trinkt, nichts ißt und irgend etwas genießend einatmet, z. B. Tabakrauch. Geschlechtliche Handlungen sind nicht erlaubt. Außerdem darf man während des Fastenmonats nicht streiten und keine Übeltat begehen.

Wegen des islamischen Mondjahres fällt der Ramadan im Laufe der Jahre auch in die heiße Jahreszeit, in der das Fasten eine beachtliche Anstrengung bedeutet.

Im Ramadan werden abends nach Sonnenuntergang die Beleuchtungen der Minaretts eingeschaltet, wonach man das Fasten abbricht. Den ganzen Tag wird das feierliche Abendessen vorbereitet. Die Wohlhabenden laden Arme dazu ein. Dem Abendessen folgt das Nachtgebet, das bevorzugt in den Moscheen abgehalten werden sollte. Dieser Gottesdienst, *tarawih*, ist mit zwanzig Rakats der längste Gottesdienst. Hierzu wird täglich ein Teil des Korans rezitiert, so daß am Ende des Fastenmonats der ganze Koran vorgetragen worden ist. In der Nacht (etwa um 3 Uhr) steht man dann auf und nimmt das zweite Essen ein.

Am Ende der Fastenzeit wird das dreitägige Ramadan-Fest (arab. *id al-fitr,* türk. *ramazan bayrami*) gefeiert. Nach feierlichem Gottesdienst trägt man die besten Kleider, besucht die Verwandten und Bekannten, beglückwünscht und beschenkt sich gegenseitig mit Süßigkeiten (deshalb auf türkisch auch Zuckerfest, *seker bayrami*). An diesem Fest werden auch Bedürftige bedacht. Sie bekommen eine Almosenspende *sadaka-al-fitr,* deren Höhe von den religiösen Behörden jährlich festgelegt wird.

5. Die Pilgerfahrt (arab. *hadsch*)

Hadsch ist eigentlich ein vorislamisches, altarabisches Brauchtum. Die Kaaba (»Würfel«) von Mekka war schon damals das bedeutendste Heiligtum:

»Und (gedenket der Zeit), da Abraham und Ismael die Grundmauern des Hauses errichteten (indem sie beteten): Unser Herr, nimm (dies) an von uns; denn Du bist der Allhörende, der Allwissende.

Unser Herr, mache uns beide Dir ergeben und (mache) aus unserer Nachkommenschaft ein Volk, das Dir ergeben sei. Und weise uns unsere Wege der Verehrung, und kehre Dich gnädig zu uns; denn Du bist der oft gnädig sich Wendende, der Barmherzige.

Unser Herr, erwecke unter ihnen einen Gesandten aus ihrer Mitte, der ihnen Deine Zeichen verkünde und sie das Buch und die Weisheit lehre und sie reinige; gewiß, Du bist der Mächtige, der Weise.« (2:127–129)

Nach diesen Versen sind Abraham und sein Sohn Ismael die ersten Muslime. Mohammed erklärte den Islam zur Erneuerung der Religion Abrahams. Er unternahm vor seinem Tod eine Abschiedswallfahrt nach Mekka. Die Muslime pilgern also nach Mekka als dem Ort, in dem der Islam entstand und der Prophet seine erste Offenbarung empfing.

»Vollzieht die Pilgerfahrt *(hadsch)* und die Besuchsfahrt *(umra)* um Allahs willen: seid ihr jedoch behindert, so (bringt) ein Opfer (dar), das leicht erhältlich sei.« (2:196)

Die Riten bei der Pilgerfahrt sind die gleichen wie bei der

letzten Pilgerfahrt Mohammeds: Jeder gesunde, erwachsene Muslim muß wenigstens einmal im Leben nach Mekka pilgern, wenn er es sich finanziell leisten kann. Die Pilgerfahrt findet im Monat des Hadsch Dhulhidscha statt, dem zwölften Monat des islamischen Kalenders.

Bevor der Pilger nach Mekka kommt, muß er seine Nägel schneiden, die vorgeschriebenen Waschungen vollziehen und seine Kleider gegen das weiße, nahtlose Pilgergewand eintauschen. Nun befindet er sich im Weihezustand, arab. *ihram*. Er darf nunmehr weder eine Schere noch ein Messer benützen; er darf nicht streiten, nicht jagen und keine Übeltat begehen. Außerdem muß er sich geschlechtlichen Umgangs enthalten.

In Mekka angekommen küßt der Pilger (wenn auch nur symbolisch) den schwarzen Meteorstein der Kaaba und umschreitet die Kaaba siebenmal – gegen den Uhrzeigersinn –, arab. *tawaf*. Anschließend läuft er zwischen den Hügeln al-Safa und al-Marvah (altarabische Bergheiligtümer) dreimal hin und zurück und einmal hin, zur Erinnerung an die Ägypterin Hagar, eine der Frauen Abrahams, die an dieser Stelle für ihren Sohn Ismael Wasser suchte und zum Schluß den Brunnen Zemzem fand.

In Mekka hört er dann eine Predigt und zieht in einer Gruppe zum Berg Arafat. Nach einer Legende trafen sich Adam und Eva an dieser Stelle, nachdem sie sich nach ihrer Vertreibung aus dem Paradies verloren hatten.

Wenn die Pilger dann nach Sonnenuntergang die Stadt Mina erreichen, werfen sie sieben Steinchen auf einen Steinhaufen, was symbolisch als Steinigung des Teufels durch Abraham gilt. Mit dem anschließenden Schlachtopfer beendet der Pilger die vorgeschriebenen Riten.

Nun darf er den Weihezustand beenden, seine Haare scheren lassen und das Pilgergewand ablegen. Der Gläubige läuft nochmals siebenmal um die Kaaba, trinkt aus dem heiligen Brunnen Zemzem und besucht auf der Rückreise das Grab des Propheten in Medina.

Heimgekehrt, hat der Pilger das Recht, sich »Hadschi« zu nennen. Er genießt als solcher nunmehr ein großes Ansehen.

Die Muslime, die nicht pilgern, feiern das Opferfest (arab. *id al-adha*, türk. *kurban bayrami*). Dieses viertägige Fest wird, wie das Ramadanfest, mit einem feierlichen Gottesdienst begonnen. Jeder Muslim, der sich ein Opfertier leisten kann, läßt z. B. einen Hammel schlachten. Mindestens ein Drittel des Fleisches muß man dabei an die Armen oder Bedürftigen verteilen. Auch bei diesem Fest trägt man die besten Kleider, besucht Verwandte und Nachbarn und beglückwünscht sich gegenseitig.

Anreden im Koran

»Sprich«: Allah spricht durch Mohammed zu den Gläubigen.
»O die ihr glaubt!«: Mohammed spricht zu den Gläubigen.
»Sie fragen dich«: Die Gläubigen fragen Mohammed.
»O Volk der Schrift«: Juden und Christen.
»Wir, Ich, Er ...«: Allah spricht zu Mohammed, sowohl in der Einzahl als auch in der Mehrzahl.

Al-Fatiha

Die Eröffnung

Im Namen Allahs, des Gnädigen, des Barmherzigen.
Preis sei Allah, dem Herrn der Menschen in aller
 Welt,
Dem Gnädigen, dem Barmherzigen,
Dem Herrscher am Tage des Gerichts.
Dir allein dienen wir und Dich allein bitten wir um
 Hilfe.
Führe uns auf den rechten Weg,
Den Weg derer, denen Du Deine Gnade erwiesen
 hast,
Nicht (den Weg) derer, die Deinem Zorn verfallen sind
 und irregehen.

Sure 1 : 1–7

Die vor bzw. hinter den Zitaten stehenden Ziffern zeigen die Sure und den Vers (Ajat) an; z. B. bedeutet 2 : 31 = Sure 2, Vers 31.

2:30 Dann sprach dein Herr zu den Engeln: »Ich will auf Erden einen Statthalter setzen.« Sie antworteten: »Willst Du einen dort einsetzen, der darauf Unfrieden stiftet und Blut vergießt? Wir aber loben und preisen Dich und rühmen Deine Heiligkeit.« Er antwortete: »Ich weiß, was ihr nicht wißt.«

2:31 Und Er lehrte Adam alle Namen; dann stellte Er (die Benannten) vor die Engel hin und sprach: »Nennt mir ihre Namen, wenn ihr im Recht seid.«

2:32 Sie sprachen: »Heilig bist Du! Wir haben kein Wissen außer dem, was Du uns gelehrt hast; wahrlich, Du bist der Allwissende, der Weise.«

2:33 Er sprach: »O Adam, nenne ihnen ihre Namen«, und als er ihnen ihre Namen genannt hatte, sprach Er: »Habe Ich euch nicht gesagt, daß Ich die Geheimnisse des Himmels und der Erde kenne und weiß, was ihr bekennt und was ihr verheimlicht?«

2:34 Darauf sagten Wir zu den Engeln: »Beugt euch vor Adam!«, und sie alle beugten sich; nur Iblis, der hochmütige Teufel, weigerte sich: Er war einer der Ungläubigen.

2:35 Und Wir sprachen: »O Adam, weile mit deinem Weib in dem Garten (Paradies), und eßt reichlich von seinen (Früchten), welche immer ihr wollt; nur naht nicht diesem Baum, sonst werdet ihr Sünder!«

2:36 Doch Satan ließ sie beide verführen und trieb sie von dort, wo sie waren. Und Wir sprachen: »Geht weg von hier, einige von euch sind Feinde der andern, euer Wohnsitz sei nun die Erde, dort auch euer Unterhalt für eine Weile.«

2:37 Dann empfing Adam von seinem Herrn gewisse Worte (des Gebets). So kehrte Er sich gnädig zu ihm; wahrlich, Er ist der oft Verzeihende und Barmherzige.

2:38 Wir sprachen: »Entfernt euch alle von hier (auf die

Erde)! Es wird euch von Mir eine Weisung kommen; wer dieser folgt, wird weder Furcht (wegen des Gerichts) noch Trauer (nach der Abrechnung am Jüngsten Tag) kennen.«

2:39 Die aber im Glauben verharren und Unsere Zeichen (den Koran) als Lügen behandeln, die sollen Bewohner des Feuers sein; darin sollen sie bleiben.

20:115 Wahrlich, Wir schlossen einen Bund mit Adam zuvor, doch er vergaß; Wir fanden in ihm keine Absicht (zum Bösen).

20:116 Und als Wir zu den Engeln sprachen: »Bezeuget Adam Ehrerbietung«, da bezeugten sie ihm Ehrerbietung. Nur Iblis nicht. Er weigerte sich.

20:117 Darum sprachen Wir: »O Adam, dieser ist dir ein Feind und deinem Weibe; nimm dich in acht, daß er euch nicht beide aus dem Garten treibe, so daß du Elend leidest.

20:118 Wahrlich, es ist für dich (gesorgt), daß du darin weder Hunger fühlen noch nackend sein sollst.

20:119 Und daß du darin nicht dursten noch der Sonnenhitze ausgesetzt sein sollst.«

20:120 Jedoch Satan flüsterte ihm Böses ein; er sprach: »O Adam, soll ich dich zum Baume der Ewigkeit führen und zu einem Königreich, das nimmer vergeht?«

20:121 Da aßen sie beide davon, so daß ihre Blöße ihnen offenbar wurde, und sie begannen, die Blätter des Gartens über sich zusammenzustecken. Und Adam befolgte nicht das Gebot seines Herrn und ging irre.

20:122 Dann erwählte ihn sein Herr und wandte Sich ihm mit Erbarmen zu und leitete (ihn).

20:123 Er sprach: »Geht aus von hier allzumal (auf die Erde), dieweil einer von euch des andern Feind ist! Und wenn von Mir eine Leitung zu euch kommt, dann wird, wer Meiner Leitung folgt, nicht zugrunde gehen, noch wird er leiden.

20:124 Wer sich jedoch abkehrt von Meiner Ermahnung, der wird in Drangsal leben, und am Tage der Auferstehung werden Wir ihn blind auferwecken.«

20:125 Er wird sprechen: »Mein Herr, warum hast Du

mich blind auferweckt, wo ich doch (vordem) sehend war?«

20:126 Er wird sprechen: »Also sind ja Unsere Zeichen zu dir gekommen, und du hast sie mißachtet: also wirst du nun heute mißachtet sein.«

20:127 Und ebenso lohnen Wir auch dem, der maßlos ist und nicht an die Zeichen seines Herrn glaubt; und die Strafe des Jenseits ist wahrlich strenger und nachhaltiger.

49:13 O ihr Menschen, Wir haben euch von einem Manne und einem Weibe erschaffen, und Wir haben euch zu Völkern und Stämmen gemacht, daß ihr einander kennen möget. Wahrlich, der Angesehenste von euch ist vor Allah der, der unter euch der Gerechteste ist. Siehe, Allah ist allwissend, allkundig.

Zwei Söhne Adams

5:27 Erzähle ihnen wahrheitsgemäß die Geschichte von den zwei Söhnen Adams, wie sie beide ein Opfer darbrachten, und es war angenommen von dem einen von ihnen, und war nicht angenommen von dem andern. Da sprach dieser: »Ganz bestimmt, ich bringe dich um!« Jener erwiderte: »Allah nimmt (das Opfer) nur der Frommen an.

5:28 Wenn du auch deine Hand nach mir ausstreckst, um mich zu erschlagen, so werde ich doch nicht meine Hand nach dir ausstrecken, um dich totzuschlagen. Ich fürchte Allah, den Herrn der Welten.

5:29 Ich will, daß du meine Sünde trägst zu der deinen, und so unter den Bewohnern des Höllenfeuers bist, und das ist der Lohn der Ungerechten.«

5:30 Doch sein Sinn trieb ihn, seinen Bruder zu töten; so erschlug er ihn und so gehörte er nun zu den Verlorenen.

5:31 Da sandte Allah einen Raben, der auf dem Boden scharrte, daß Er ihm zeigen möge, wie er den Leichnam seines Bruders verbergen könne. Er sprach: »Weh mir! Bin ich nicht einmal imstande, wie dieser Rabe zu sein, auf daß ich den Leichnam meines Bruders verbergen möchte?« Und da wurde er reuig.

5:32 Aus diesem Grunde haben Wir den Kindern Israels verordnet, daß wenn jemand einen Menschen tötet – es sei denn für (Mord) an einem andern oder für Gewalttat im Land –, so soll es sein, als hätte er die ganze Menschheit getötet; und wenn jemand einem Menschen das Leben erhält, so soll es sein, als hätte er der ganzen Menschheit das Leben erhalten. Und Unsere Gesandten kamen zu ihnen mit deutlichen Zeichen; dennoch, selbst nach diesen, begehen viele von ihnen Ausschreitungen im Land.

Allah, nur ein Einiger Gott

2:163 Und euer Gott ist ein Einiger Gott; es ist kein Gott außer Ihm, dem Gnädigen, dem Barmherzigen.

3:18 Allah bezeugt, daß es keinen Gott gibt außer Ihm – und (so) die Engel und jene, die Wissen besitzen –, dem Wahrer der Gerechtigkeit; es gibt keinen Gott außer Ihm, dem Allmächtigen, dem Weisen.

4:171 O Volk der Schrift, überschreitet nicht die Grenzen in eurem Glauben und saget von Allah nichts als die Wahrheit. Wahrlich, der Messias, Jesus, der Sohn der Maria, war nur ein Gesandter Gottes und (eine Erfüllung) Seines Wortes, das Er niedersandte zu Maria, und eine Gnade von Ihm. Glaubet also an Allah und Seine Gesandten, und sprecht nicht: »(Sie sind) drei!« Stehet ab davon, (das wird) für euch besser (sein). Wahrlich, Allah ist nur ein

Einiger Gott. Fern ist es von Seiner Heiligkeit, daß
Er einen Sohn haben sollte. Sein ist, was in den
Himmeln und was auf Erden ist; und Allah genügt
als Beschützer.

5:73 Ungläubig sind wahrlich, die da sprechen: »Allah
ist der Dritte von Dreien«; es gibt keinen Gott als
den Einigen Gott. Und wenn sie nicht abstehen
von dem, was sie sagen, wahrlich, so werden die
unter ihnen, die (weiter) dem Unglauben huldigen,
eine schmerzliche Strafe erleiden.

5:74 Wollen sie denn nicht umkehren zu Allah und seine Verzeihung erbitten? Und Allah ist allverzeihend, barmherzig.

7:158 Sprich: »O Menschheit, fürwahr, ich bin euch allen ein Gesandter Allahs, dessen Reich der Himmel und die Erde ist. Es ist kein Gott außer Ihm.
Er gibt Leben und Er läßt sterben. So glaubet an
Allah und an Seinen Gesandten, den Propheten,
den Makellosen, der an Allah glaubt und an Seine
Worte; und folgt ihm, auf daß ihr recht geleitet
werdet.«

18:110 Sprich: »Ich bin nur ein Mensch wie ihr; (doch)
mir ist es offenbart worden, daß euer Gott ein
Einiger Gott ist. Möge denn der, der seinem Herrn
zu begegnen hofft, gute Werke tun und zu niemand neben seinem Herrn beten.«

112:1 Sprich: »Er ist Allah, der Einzige;
112:2 Allah, der Unabhängige und von allen Angeflehte.
112:3 Er zeugt nicht und ward nicht gezeugt;
112:4 Und keiner ist Ihm gleich.«

6:151 Sprich: »Kommt her, ich will euch vortragen, was euer Herr euch verboten hat: Ihr sollt Ihm nichts an die Seite stellen, und den Eltern sollt ihr Gutes tun; und ihr sollt eure Kinder nicht töten aus Armut – Wir sorgen ja für euch und für sie –, und ihr sollt euch nicht dem Üblen nähern, ob es offen oder verborgen ist; und ihr sollt nicht das Leben töten, das Allah unverletzlich gemacht hat, es sei denn nach Recht. Das ist es, was Er euch geboten hat, auf daß ihr begreifen möget.

6:152 Und kommt dem Besitz der Waisen nicht nahe, es sei denn (zu ihrem) Besten, bis sie ihre Volljährigkeit erreicht haben. Und gebt volles Maß und Gewicht in Gerechtigkeit. Wir erlegen keiner Seele mehr auf, als sie zu tragen vermag. Und wenn ihr einen Spruch fällt, so übt Gerechtigkeit, auch wenn es einen nahen Verwandten betrifft; und haltet den Bund Allahs. Das ist es, was Er euch gebietet, auf daß ihr ermahnt sein möget.

6:153 Und (verkünde:) daß dies Mein Weg ist, der gerade, der rechte. So folgt ihm; und folgt nicht den (anderen) Pfaden, damit sie euch nicht weitab führen von Seinem Weg. Das ist es, was Er euch gebietet, auf daß ihr (befähigt werdet) euch vor Bösem zu hüten.«

7:33 Sprich: »Mein Herr hat nur Schändlichkeiten verboten, ob öffentlich begangen oder insgeheim, dazu Sünde und ungerechte Gewalttat, und (auch), daß ihr Allah das an die Seite setzet, wozu Er keine Vollmacht herabsandte, und daß ihr von Allah aussaget, was ihr nicht wißt.«

Allah, Liebe Allahs

3:31 Sprich: »Liebt ihr Allah, so folget mir; (dann) wird Allah euch lieben und euch eure Fehler verzeihen; denn Allah ist allverzeihend, barmherzig.«

11:90 Und sucht eures Herrn Vergebung, dann bekehrt euch zu Ihm. Wahrlich, mein Herr ist barmherzig, liebevoll.

Allah, »Sohn« Allahs

9:30 Die Juden sagen, Esra sei Allahs Sohn, und die Christen sagen, der Messias ist Allahs Sohn. Das ist das Wort ihres Mundes. Sie ahmen die Rede derer nach, die vor ihnen ungläubig waren. Allahs Fluch über sie! Wie sind sie irregeleitet!

17:111 Sprich: »Aller Preis gebührt Allah, der Sich keinen Sohn zugesellt hat und niemanden neben sich hat in der Herrschaft noch sonst einen Gehilfen aus Schwäche.« Und preise Seine Herrlichkeit mit aller Verherrlichung.

18:4 (Preis sei Allah, Der Seinem Diener das Buch offenbarte.) Und damit es jene warne, die da sagen: »Allah hat Sich einen Sohn beigesellt.«

18:5 Sie haben keinerlei Kenntnis davon, noch (hatten es) ihre Väter vor ihnen. Groß ist das Wort, das aus ihrem Munde kommt. Sie sprechen nichts als Lüge.

6:151 Sprich: »Kommt her, ich will euch vortragen, was euer Herr euch verboten hat: Ihr sollt Ihm nichts an die Seite stellen, und den Eltern sollt ihr Gutes tun; und ihr sollt eure Kinder nicht töten aus Armut – Wir sorgen ja für euch und für sie –, und ihr sollt euch nicht dem Üblen nähern, ob es offen oder verborgen ist; und ihr sollt nicht das Leben töten, das Allah unverletzlich gemacht hat, es sei denn nach Recht. Das ist es, was Er euch geboten hat, auf daß ihr begreifen möget.«

20:131 Und richte deine Blicke nicht auf das, was Wir einigen von ihnen zu (kurzem) Genuß gewährten – den Glanz des irdischen Lebens –, um sie dadurch zu prüfen. Denn deines Herrn Versorgung ist besser und bleibender.

42:27 Und wenn Allah Seinen Dienern die Versorgung erweitern würde, sie würden übermütig werden auf Erden; doch Er sendet mit Maß hinab, wie es Ihm gefällt. Fürwahr, Er kennt und durchschaut Seine Diener.

Allah, Zeichen Allahs

6:95 Wahrlich, Allah ist es, der das Korn (das Samenkorn) und den Dattelkern keimen läßt, und so das Lebendige aus dem Toten hervorbringt. Und Er ist der Hervorbringer des Toten aus dem Lebendigen. Das ist Allah; warum dann laßt ihr euch abwendig machen?

6:96 Er läßt den Tag anbrechen. Er machte die Nacht zur Ruhe und Sonne und Mond zur Berechnung (der Zeit). Das ist die Anordnung des Allmächtigen, des Weisen.

6:97 Und Er ist es, der die Sterne für euch geschaffen, auf daß ihr mit ihrer Hilfe die rechte Richtung einhalten könnt in der dichten Finsternis des Landes und des Meeres. Wir haben bis ins einzelne die Zeichen dargelegt für Menschen, die Wissen haben.

6:98 Er ist es, der euch entstehen ließ aus einem einzigen Wesen, und (euch) ist eine Wohnstatt (der Mutterleib?) und ein Ort zum Verweilen. Wir haben bis ins einzelne die Zeichen dargelegt für Menschen, die begreifen.

6:99 Und Er ist es, der Wasser niedersendet aus der Wolke; damit bringen Wir alle Art Wachstum hervor; mit diesem bringen Wir dann Grünes hervor, aus dem Wir gereihtes Korn (in Ähren) sprießen lassen. Und aus der Dattelpalme, aus ihren Blütendolden (sprießen) niederhängende Datteltrauben. Und (Wir bringen damit) Gärten (hervor) mit Trauben, und die Olive und den Granatapfel, (deren Früchte) einander ähnlich und unähnlich (sind). Betrachtet ihre Frucht, wenn sie Früchte tragen, und wie sie reifen. Wahrlich, hierin sind Zeichen für Leute, die glauben.

7:35 O Kinder Adams, wenn zu euch Gesandte kommen aus eurer Mitte, die euch Meine Zeichen verkünden – wer dann gottesfürchtig ist und gute Werke tut, keine Furcht soll über ihn kommen (wegen des Gerichts), noch sollen sie trauern (nach der Abrechnung am Jüngsten Tag).

7:36 Die aber, die Unsere Zeichen verwerfen und sich mit Verachtung von ihnen abwenden, sollen die Bewohner des Feuers sein; darin müssen sie bleiben.

16:72 Allah gab euch Gattinnen aus euch selbst, und aus euren Gattinnen machte Er Söhne und Enkel, und Er hat euch versorgt mit Gutem. Wollen sie da an Nichtiges glauben und Allahs Huld verleugnen?

30:19 Er läßt das Lebendige hervorgehen aus dem Toten (in der Natur) und läßt das Tote hervorgehen aus dem Lebendigen; Er belebt die Erde nach ihrem Tode, und in gleicher Weise sollt ihr wieder hervorgebracht werden.

30:20 Und unter Seinen Zeichen ist dies, daß Er euch aus Staub (aus Erde) erschuf; alsdann seht, wurdet ihr Menschen, die sich (auf Grund der natürlichen Vermehrung) verbreiteten.

30:21 Und unter Seinen Zeichen ist dies, daß Er Gattinnen für euch schuf aus euch selber, auf daß ihr Frieden in ihnen fändet, und Er hat Liebe und Zärtlichkeit zwischen euch gesetzt. Hierin sind wahrlich Zeichen für Leute, die nachdenken.

30:22 Und unter seinen Zeichen ist die Schöpfung des Himmels und der Erde, und die Verschiedenheit eurer Sprachen und Farben. Hierin sind wahrlich Zeichen für solche, die wissen.

30:23 Und unter Seinen Zeichen ist euer Schlafen bei Nacht und Tag (zur Mittagszeit), und (am Tage) euer Trachten (nach den Gütern des Lebens) nach Seiner Gnadenfülle. Hierin sind wahrlich Zeichen für Leute, die (zu)hören.

30:24 Und unter Seinen Zeichen ist dies, daß Er euch den Blitz zeigt zu Furcht und Hoffen und Wasser vom Himmel herniedersendet und damit die Erde belebt nach ihrem Tode. Hierin sind wahrlich Zeichen für Leute, die verstehen.

30:25 Und unter Seinen Zeichen ist dies, daß Himmel und Erde (fest) stehen auf Seinen Befehl. Alsdann (am Jüngsten Tag), wenn Er euch ruft, mit einem Ruf aus der Erde, seht, dann werdet ihr hervorgehen.

Almosen

2:215 Sie fragen dich, was sie spenden sollen. Sprich: »Was ihr hingebt an gutem und reichlichem Vermögen, das sei für Eltern und nahe Angehörige und für die Waisen und Bedürftigen und den Wan-

dersmann. Und was ihr Gutes tut, wahrlich, Allah
weiß es wohl.«

2:263 Ein gütiges Wort und Verzeihung sind besser als
ein Almosen, gefolgt von Unrecht; und Allah ist
der Sich Selbst Genügende, der Langmütige.

2:264 O die ihr glaubt, macht eure Almosen nicht eitel
durch Vorwurf und Unrecht, dem gleich, der von
seinem Reichtum spendet, damit die Leute es sehen, und er glaubt nicht an Allah und an den Jüngsten Tag. Ihm ergeht es gleich einem glatten Felsen,
den Erdreich bedeckt; wenn ein schwerer Regen-
guß auf ihn fällt, legt er ihn bloß – glatt und hart.
Sie sollen nichts davontragen von ihrem Verdienst.
Und Allah leitet nicht das ungläubige Volk.

2:267 O die ihr glaubt, spendet von dem Guten, das ihr
erwarbt, und von dem, was Wir euch aus der Erde
hervorbringen; und sucht nicht das Schlechte aus
zum Almosenspenden, wo ihr es doch selbst nicht
nähmet, es sei denn, ihr drücket ein Auge zu; und
wisset, Allah ist der Sich Selbst Genügende, der
Preiswürdige.

2:271 Gebt ihr öffentlich Almosen, so ist es schön und
gut; handelt ihr aber im geheimen und gebt sie den
Armen, so ist es noch besser für euch; und Er wird
(viele) eurer Sünden von euch hinwegnehmen.
Und Allah achtet euch wohl eures Tuns.

2:272 Nicht deine Verantwortung ist es, daß sie den
rechten Weg befolgen; doch Allah leitet, wen Er
will. Und was ihr an Gut spendet, es ist für euch
selbst, und ihr spendet nur, um Allahs Huld zu
suchen. Und was ihr an Gut spendet, es soll euch
voll zurückgezahlt werden, und ihr sollt keinen
Nachteil erhalten.

2:273 (Diese Almosen sind) für die Armen, die auf Allahs Sache festgelegt und unfähig sind, im Land
umherzuwandern. Der Unwissende hält sie für frei
von Not, weil (sie sich des Bettelns) enthalten. Du
magst sie an ihrer Erscheinung erkennen; sie bitten
die Leute nicht zudringlich. Und was ihr an Gut

spendet, wahrlich, Allah hat genaue Kenntnis davon.

9:60 Die Almosen sind nur für die Armen und Bedürftigen und für die mit ihrer Verteilung Beauftragten und für die, deren Herzen versöhnt werden sollen, für die (Befreiung von) Sklaven und für die Schuldner, für die Sache Allahs und für den Wandersmann: eine Vorschrift von Allah. Und Allah ist allwissend, weise.

17:28 Und wenn du dich von ihnen abkehrst im Trachten nach Barmherzigkeit von deinem Herrn, auf die du hoffst, so sprich zu ihnen (wenigstens) freundliche Worte.

Bestechung

2:188 Und fresset nicht untereinander euren Reichtum auf durch Falschheit, und bietet ihn nicht der Obrigkeit (als Bestechung) an, daß ihr wissentlich einen Teil des Reichtums anderer zu Unrecht fressen möget.

Brüder, die Gläubigen sind Brüder

3:103 Und haltet euch allesamt fest am Seile Allahs; und seid nicht uneins (untereinander); und gedenket der Huld Allahs, die Er euch gewährte, als ihr Feinde wart; Er fügte eure Herzen so in Liebe zusammen, daß ihr durch Seine Gnade (wie) Brüder wurdet; ihr wart am Rande einer Feuergrube, und Er bewahrte euch davor. Also macht Allah euch Seine Gebote klar, auf daß ihr geleitet seiet.

49:10   Die Gläubigen sind ja Brüder. Stiftet darum Frieden zwischen euren Brüdern und nehmet Allah zu eurem Beschützer, auf daß euch Barmherzigkeit erwiesen werde.

Christen

2:135   Und sie (Juden und Christen) sprechen: »Werdet Juden oder Christen, auf daß ihr recht geleitet seiet.« Sprich: »Nein, (folgt) dem Glauben Abrahams, der stets (den Einigen Gott) bekannte; er war nicht von denen, die Götter aufrichten neben Gott.«

3:64   Sprich: »O Volk der Schrift, kommt herbei zu einem Wort, das gleich sei zwischen uns und euch, daß wir keinen anbeten denn Allah und daß wir Ihm keinen Nebenbuhler an die Seite stellen und daß nicht manche unter uns andere zu Herren nehmen statt Allah.« Doch wenn sie sich abkehren, dann sprecht: »Bezeugt, daß wir uns (Gott) ergeben haben.«

3:65   O Volk der Schrift, warum streitet ihr über Abraham, wo doch die Thora und das Evangelium erst nach ihm offenbart wurden? Wollt ihr denn nicht begreifen?

3:66   Seht doch! Ihr seid es ja, die über das stritten, wovon ihr Kenntnis hattet. Warum streitet ihr über das, wovon ihr durchaus keine Kenntnis habt? Allah weiß, ihr aber wißt nicht.

3:67   Abraham war weder Jude noch Christ; doch er war immer (Gott) zugeneigt und (Ihm) gehorsam, und er war keiner von denen, die Götter neben Gott setzen.

3:68   Sicherlich sind die Abraham Nächststehenden unter den Menschen jene, die ihm folgten, und dieser Prophet und die Gläubigen. Und Allah ist der Freund der Gläubigen.

3:69 Ein Teil vom Volke der Schrift möchte euch irreleiten; doch sie leiten nur sich selber irre; allein sie begreifen nicht.

3:70 O Volk der Schrift, warum leugnet ihr die Zeichen Allahs, wo ihr doch (selber) Zeugen (der göttlichen Wahrheit) seid?

4:171 O Volk der Schrift, überschreitet nicht die Grenzen in eurem Glauben und sagt von Allah nichts als die Wahrheit. Wahrlich, der Messias, Jesus, der Sohn der Maria, war nur ein Gesandter Gottes und (die Erfüllung) Seines Wortes, das Er niedersandte zu Maria und eine Gnade von Ihm. Glaubet also an Allah und an Seine Gesandten, und sprechet nicht: »(Sie sind) drei!« Stehet davon ab, (das wird) für euch besser (sein). Wahrlich, Allah ist nur ein Einiger Gott. Fern ist es von Seiner Heiligkeit, daß Er einen Sohn haben sollte. Sein ist, was in den Himmeln und was auf Erden ist; und Allah genügt als Beschützer.

5:14 Und auch mit denen, die sagen: »Wir sind Christen«, schlossen Wir einen Bund; aber auch sie haben einen (guten) Teil von dem vergessen, womit sie ermahnt wurden. Darum erregten Wir Feindschaft und Haß unter ihnen bis zum Tage der Auferstehung. Und Allah wird sie bald wissen lassen, was sie getan haben.

5:15 O Volk der Schrift, nunmehr ist Unser Gesandter zu euch gekommen, der euch vieles enthüllt, was ihr von der Schrift verborgen hieltet, und vieles übergeht. Gekommen ist zu euch fürwahr ein Licht von Allah und ein klares Buch.

5:18 Die Juden und die Christen sagen: »Wir sind Söhne Allahs und Seine Lieblinge.« Sprich: »Warum straft Er euch dann für eure Sünden? Nein, ihr seid (bloß) Menschenkinder unter all denen, die Er schuf.« Er vergibt, wem Er will, und Er straft, wen Er will. Allahs ist das Königreich der Himmel und der Erde und alles dessen, was zwischen ihnen ist, und zu Ihm soll die Heimkehr sein.

5:19 O Volk der Schrift, gekommen ist nunmehr zu euch Unser Gesandter, nach einer Unterbrechung in der Reihe der Gesandten, der euch (die Dinge) klarmacht, damit ihr nicht sagt: »Kein Bringer froher Botschaft und kein Warner ist zu uns gekommen.« So ist nun zu euch gekommen in Wahrheit ein Bringer froher Botschaft und ein Warner. Und Allah hat die Macht, alles zu tun.

5:65 Wenn das Volk der Schrift geglaubt hätte und gottesfürchtig gewesen wäre, Wir hätten gewiß ihre Übel von ihnen weggenommen und Wir hätten sie gewiß in die Gärten der Wonne geführt.

5:66 Und hätten sie die Thora befolgt und das Evangelium und was (nun) zu ihnen hinabgesandt war von ihrem Herrn, sie würden sicherlich (von den guten Dingen) über ihnen und unter ihren Füßen essen. Es sind unter ihnen Leute, die Mäßigung einhalten; doch gar viele von ihnen – wahrlich, übel ist, was sie tun.

5:67 O du Gesandter! Verkünde, was dir offenbart war von deinem Herrn; und wenn du es nicht tust, so hast du Seine Botschaft nicht verkündet. Allah wird dich vor den Menschen schützen. Wahrlich, Allah leitet nicht das Volk der Ungläubigen.

5:68 Sprich: »O Volk der Schrift, ihr fußet auf nichts, ehe ihr die Thora und das Evangelium befolgt und das, was zu euch herabgesandt war von eurem Herrn.« Aber gewiß, was von deinem Herrn zu dir herabgesandt war, wird gar viele von ihnen zunehmen lassen an Aufruhr und Unglauben; so trübe dich nicht über das ungläubige Volk.

5:69 Wahrlich, jene, die geglaubt haben, und die Juden, und die Sabäer, und die Christen – wer da an Allah glaubt und an den Jüngsten Tag und gute Werke tut –, keine Furcht soll über sie kommen (wegen des Gerichts), noch sollen sie trauern (nach der Abrechnung am Jüngsten Tag).

5:82 Du wirst sicherlich finden, daß unter allen Menschen die Juden und die, welche Gott Bilder zur Seite stellen, die erbittertsten Gegner der Gläubigen sind. Und du wirst zweifellos finden, daß die, welche sprechen: »Wir sind Christen«, den Gläubigen am freundlichsten gegenüberstehen. Das verhält sich so, weil unter ihnen Gottesgelehrte und Mönche sind und weil sie nicht hochmütig sind.

Darlehen

2:282 O die ihr glaubt, wenn ihr, einer von anderen, ein Darlehen nehmt auf eine bestimmte Frist, dann schreibt es nieder. Und laßt (es) einen Schreiber in eurer Gegenwart getreulich aufschreiben; und kein Schreiber soll sich weigern zu schreiben, da doch Allah ihn gelehrt hat. So lasset ihn schreiben und lasset den, der die Verpflichtung eingeht, es ihm vorsagen, und er soll Allah, seinen Herrn, fürchten und nichts davon unterschlagen. Ist aber jener, der die Verpflichtung eingeht, von geringem Verstand oder schwach (minderjährig) oder unfähig, selbst zu diktieren, so diktiere jemand, der seine Angelegenheiten wahrnehmen kann, nach Gerechtigkeit. Und ruft zwei unter euren Männern zu Zeugen auf; und wenn zwei Männer nicht (verfügbar) sind, dann einen Mann und zwei Frauen, die euch als Zeugen passend erscheinen, so daß, wenn eine der beiden irren sollte, die andere ihrem Gedächtnis zu Hilfe kommen kann. Und die Zeugen sollen sich nicht weigern, wenn sie gerufen werden. Und verschmäht nicht, es niederzuschreiben, es sei klein oder groß, zusammen mit der festgesetzten (Zahlungs-)Frist. Das ist richtig vor Allahs Angesicht und macht das Zeugnis sicherer und wahrt euch besser vor Zweifeln; (darum unterlasset die Aufschreibung nicht) es sei denn, es handelt sich um Ware, die ihr auf der Stelle von Hand zu Hand gebt oder nehmt. In diesem Fall soll es keine Sünde für euch sein, wenn ihr es nicht aufschreibt. Und nehmt Zeugen, wenn ihr einander etwas verkauft.

Und dem Schreiber oder dem Zeugen geschehe kein Nachteil! Tut ihr (es) aber, dann wird es euch gewißlich als Ungehorsam angerechnet werden. Und fürchtet Allah. Allah gewährt euch Kenntnis, und Allah weiß alle Dinge wohl.

2:283 Und wenn ihr auf Reisen seid und keinen Schreiber findet, so soll ein Pfand (gegeben werden) zur Verwahrung. Und wenn einer von euch dem anderen etwas anvertraut, dann soll der, dem anvertraut wurde, das Anvertraute herausgeben, und er fürchte Allah, seinen Herrn. Und haltet nicht Zeugenschaft zurück; wer sie verhehlt, gewiß, dessen Herz ist sündhaft, und Allah weiß wohl, was ihr tut.

Diebstahl

5:38 Und was nun den Mann betrifft, der stiehlt, und die diebische Frau, so schneidet ihnen die Hände ab als Vergeltung für ihr Verbrechen (und) als abschreckende Strafe vor Allah. Und Allah ist allmächtig, weise.

5:39 Wer aber nach seiner Sünde bereut und sich bessert (dem schneidet die Hand nicht ab!), gewiß, ihm wird Sich Allah gnädig zukehren; denn wahrlich, Allah ist allvergebend, barmherzig.

Dreieinigkeit

4:171 O Volk der Schrift, überschreitet nicht die Grenzen in eurem Glauben und saget von Allah nichts als die Wahrheit. Wahrlich, der Messias, Jesus, der Sohn der Maria, war nur ein Gesandter Gottes und (die Erfüllung) Seines Wortes, das Er niedersandte zu Maria, und eine Gnade von Ihm. Glaubet also an Allah und an Seine Gesandten, und sprechet nicht: »(Sie sind) drei!« Stehet davon ab, (das wird) für euch besser (sein). Wahrlich, Allah ist nur ein Einiger Gott. Fern ist es von Seiner Heiligkeit, daß Er einen Sohn haben sollte. Sein ist, was in den Himmeln und was auf Erden ist; und Allah genügt als Beschützer.

5:73 Ungläubig sind wahrlich, die da sprechen: »Allah ist der Dritte von Dreien«; es gibt keinen Gott als den Einigen Gott! Und wenn sie nicht abstehen von dem, was sie sagen, wahrlich, so wird die unter ihnen, die (weiter) dem Unglauben huldigen, eine schmerzliche Strafe ereilen.

5:74 Wollen sie denn nicht umkehren zu Allah und Seine Verzeihung erbitten? Und Allah ist allverzeihend, barmherzig.

Dschinn

6:100 Und doch halten sie (die Ungläubigen) die Dschinn für Allahs Nebenbuhler, obwohl Er sie geschaffen hat; und sie dichten Ihm fälschlich Söhne und Töchter an, ohne alles zu wissen. Heilig ist Er und erhaben über das, was sie (Ihm) zuschreiben.

6:128 Und an dem Tage, da Er sie versammelt allzumal, da (wird Er sprechen): »O Zunft der Dschinn, ihr habt euch viel mit den Menschen zu schaffen gemacht!« Und ihre Freunde unter den Menschen werden sagen: »Unser Herr, einige von uns haben von anderen Vorteil genossen, nun aber stehen wir am Ende unserer Frist, die Du uns bestimmtest.« Er wird sprechen: »Das Feuer sei euer Aufenthalt, darin sollt ihr bleiben, es sei denn, daß Allah (anders) will.« Wahrlich, dein Herr ist weise, allwissend.

6:129 Und so setzen Wir einige der Frevler über die anderen, um dessentwillen, was sie sich erwarben.

6:130 »O Zunft der Dschinn und der Menschen! Sind nicht Gesandte zu euch gekommen aus eurer Mitte, die euch Meine Zeichen berichteten und euch warnten vor dem Eintreffen dieses eures Tages?« Sie werden sprechen: »Wir zeugen gegen uns selbst.« Das irdische Leben hat sie betrogen, und sie werden gegen sich selbst Zeugnis ablegen, daß sie Ungläubige waren.

15:26 Wahrlich, Wir haben den Menschen aus trockenem, tönernem Lehm erschaffen, aus schwarzem, zu Gestalt gebildetem Schlamm.

15:27 Und die Dschinn erschufen Wir zuvor aus dem Feuer des heißen Windes.

18:50 Und (gedenke der Zeit), da Wir zu den Engeln sprachen: »Bezeuget Adam Ehrerbietung«, und sie bezeugten Ehrerbietung. Nur Iblis nicht. Er war einer der Dschinn, so war er ungehorsam gegen den Befehl seines Herrn. Wollt ihr nun ihn und seine Nachkommenschaft zu Freunden nehmen statt Mich, oder sind sie eure Feinde? Schlimm ist der Eintausch für die Frevler.

46:29 Und (gedenke der Zeit), da Wir eine Schar Dschinn dir zuwandten, die den Koran zu vernehmen wünschten; und als sie in seiner Gegenwart waren, sprachen sie: »Schweiget (und höret zu)«, und als er zu Ende war, kehrten sie warnend zurück zu ihrem Volk.

46:30 Sie sprachen: »O unser Volk, wir haben ein Buch gehört, das nach Moses hinabgesandt ward, das bestätigend, was schon vor ihm da ist; es leitet zur Wahrheit und zu dem rechten Weg.

46:31 O unser Volk, höret auf Allahs Rufer und glaubet an Ihn: Er wird euch eure Sünden vergeben und euch vor qualvoller Strafe schützen.«

55:33 O Versammlung von Dschinn und Menschen! Wenn ihr imstande seid, über die Grenzen der

Himmel und der Erde hinauszugehen, dann gehet.
Doch ihr werdet nicht imstande sein zu gehen, außer mit Ermächtigung.

Ehebruch

17:32 Und nahet nicht dem Ehebruch; siehe, das ist eine
Schändlichkeit und ein übler Weg.

24:2 Weib und Mann, die des Ehebruchs oder der Hurerei schuldig sind, geißelt sie beide mit einhundert
Streichen. Und laßt nicht Mitleid mit den beiden
euch überwältigen in (der Ausführung) von Allahs
Urteil, wenn ihr an Allah und an den Jüngsten Tag
glaubt. Und eine Anzahl der Gläubigen soll ihrer
Strafe beiwohnen.

24:3 Ein Mann, der dem Ehebruch oder der Hurerei
ergeben ist, soll nur ein Weib von derselben Art
oder eine Götzendienerin heiraten; und ein Weib,
das dem Ehebruch oder der Hurerei ergeben ist,
keiner soll sie heiraten als ein Mann von derselben
Art oder ein Götzendiener. All das ist den Gläubigen verwehrt.

24:4 Und diejenigen, die züchtige Frauen verklagen, jedoch nicht vier Zeugen beibringen – geißelt sie mit
achtzig Streichen und lasset ihre Aussage niemals
gelten, denn sie sind es, die ruchlose Frevler
sind;

24:5 Außer jenen, die hernach bereuen und sich bessern; denn wahrlich, Allah ist allvergebend, barmherzig.

24:6 Und jene, die ihre Gattinnen verklagen und keine Zeugen haben außer sich selber – die Aussage
eines Mannes allein von solchen Leuten soll (genügen), wenn er viermal im Namen Allahs Zeugenschaft leistet, daß er zweifelsohne die Wahrheit redet;

24:7 Und (sein) fünfter (Eid) soll sein, daß der Fluch Allahs auf ihm sein möge, falls er ein Lügner ist.

24:8 Von ihr aber soll es die Strafe abwenden, wenn sie viermal im Namen Allahs Zeugenschaft leistet, daß er ein Lügner ist.

24:9 Und (ihr) fünfter (Eid) soll sein, daß der Zorn Allahs auf ihr sein möge, falls er die Wahrheit redet.

24:10 Wäre nicht Allahs Huld und Seine Barmherzigkeit gegen euch und (wäre es nicht), daß Allah vielvergebend ist (und) weise, (ihr wäret verloren gewesen).

Eid

2:224 Und macht Allah nicht durch eure Schwüre zum Hindernis; daß ihr euch des Guttuns und Rechthandelns und des Friedenstiftens unter den Menschen enthaltet. Und Allah ist allhörend, allwissend.

2:225 Allah wird euch nicht zur Rechenschaft ziehen für einen unbedachten Schwur, allein Er wird Rechenschaft von euch fordern für eures Herzens Vorbedacht. Allah ist allverzeihend, langmütig.

5:89 Allah wird euch nicht zur Rechenschaft ziehen für ein unbedachtes Wort in euren Eiden, doch Er wird Rechenschaft von euch fordern für das, was ihr mit Bedacht beschworen habt. Die Sühne dafür sei dann die Speisung von zehn Armen mit solcher Nahrung, wie ihr sie euren eigenen Angehörigen zu geben pflegt, oder ihre Bekleidung oder die Befreiung eines Sklaven. Wer aber nicht (die Mittel dazu) findet, der soll drei Tage fasten. Das ist die Sühne für eure Eide, wenn ihr (sie) geschworen habt. Und haltet ja eure Eide. So macht Allah euch Seine Zeichen klar, auf daß ihr dankbar sein möget.

16:91   Haltet den Bund Allahs, wenn ihr einen Bund geschlossen habt; und brecht nicht die Eide, nachdem (ihr) sie bekräftigt, wo ihr doch Allah zum
Bürgen für euch gemacht habt. Wahrlich, Allah
weiß, was ihr tut.

16:94   Und macht nicht eure Eide zu einem Mittel des
Betruges untereinander; sonst wird (euer) Fuß aus-
gleiten, nachdem er fest aufgetreten ist, und ihr
werdet Übel kosten dafür, daß ihr (Menschen)
abwendig gemacht habt von Allahs Weg, und eine
strenge Strafe wird euch treffen.

Eltern

4:36   Verehrt Allah und setzet Ihm nichts an die Seite,
und (erweiset) Güte den Eltern, den Verwandten,
den Waisen und den Bedürftigen, dem Nachbarn,
der ein Anverwandter ist, und dem Nachbarn, der
ein Fremder ist, dem Gefährten an eurer Seite und
dem Wandersmann und denen, die eure Rechte besitzt. Wahrlich, Allah liebt nicht die Stolzen, die
Prahler.

17:23   Dein Herr hat bestimmt: daß ihr Ihm allein dienen
sollt, und (erweiset) Güte den Eltern. Wenn einer
von ihnen oder beide bei dir (im Haus) ein hohes
Alter erreichen, sage nie »Pfui!« zu ihnen, und sto-
ße sie nicht zurück, sondern sprich zu ihnen ein
ehrerbietiges Wort.

17:24   Und neige gütig gegen sie den Fittich der Demut
(benimm dich ihnen gegenüber freundlich). Und
sprich: »Mein Herr, erbarme Dich ihrer, so wie sie
mich aufzogen, da ich klein war.«

29:8   Wir geboten dem Menschen Güte gegen seine Eltern; doch wenn sie dich bestimmen möchten, daß
du Mir das an die Seite stellst, wovon du keine

Kenntnis hast, so gehorch ihnen nicht. Zu Mir ist eure Heimkehr, und Ich will euch verkünden, was ihr tatet.

46:15 Wir geboten dem Menschen Güte gegenüber seinen Eltern. Seine Mutter trägt ihn mit Schmerzen, und mit Schmerzen gebiert sie ihn. Und ihn zu tragen und ihn zu entwöhnen erfordert dreißig Monate, bis dann, wenn er seine Vollkraft erlangt und vierzig Jahre erreicht hat; spricht er: »Mein Herr, sporne mich an, dankbar zu sein für Deine Gnade, die Du mir und meinen Eltern erwiesen hast, und Rechtes zu wirken, das Dir wohlgefallen mag. Und laß mir meine Nachkommenschaft rechtschaffen sein. Siehe, ich wende mich zu Dir; fürwahr, ich bin einer von denen, die sich ergeben.«

Erbrecht

4:7 Den Männern gebührt ein Anteil von dem, was Eltern und nahe Anverwandte hinterlassen; und den Frauen gebührt ein Anteil von dem, was Eltern und nahe Anverwandte hinterlassen, ob es wenig sei oder viel – ein bestimmter Anteil.

4:8 Und wenn (andere) Verwandte und Waisen und Arme bei der Erbteilung zugegen sind, so gebt ihnen etwas davon und sprecht Worte der Güte zu ihnen.

4:9 Und jene mögen (Gott) fürchten, die, sollten sie selbst schwache (minderjährige) Nachkommen hinterlassen, um sie besorgt wären. Mögen sie daher Allah fürchten und das rechte Wort sprechen!

4:10 Fürwahr, die den Besitz der Waisen widerrechtlich verzehren, schlucken nur Feuer in ihren Bauch, und sie sollen in flammendem Feuer brennen.

4:11 Allah verordnet euch für eure Kinder: ein Knabe soll so viel als Anteil erhalten wie zwei Mädchen, sind aber (bloß) Mädchen da, und zwar mehr als zwei, dann sollen sie zwei Drittel seiner (des Verstorbenen) Hinterlassenschaft haben; ist es nur ein Mädchen, so erhalte es die Hälfte. Und seine Eltern sollen je ein Sechstel der Erbschaft empfangen, wenn er ein Kind hat; hat er aber kein Kind und seine Eltern beerben ihn, dann soll seine Mutter ein Drittel haben; und wenn er Geschwister hat, dann soll seine Mutter ein Sechstel erhalten, nach Abzug aller etwa von ihm gemachten Vermächtnisse oder Schulden. Eure Väter und eure Kinder: ihr wißt nicht, wer von ihnen euch an Nutzen näher steht. (Diese) Festsetzung (der Anteile) ist von Allah. Allah ist allwissend, weise.

4:12 Und ihr sollt die Hälfte von dem erhalten, was eure Frauen hinterlassen, falls sie kein Kind haben; haben sie aber ein Kind, dann sollt ihr ein Viertel von ihrer Hinterlassenschaft erhalten, nach Abzug aller etwa von ihnen gemachten Vermächtnisse oder Schulden. Und sie sollen ein Viertel von eurer Hinterlassenschaft erhalten, falls ihr kein Kind habt; habt ihr aber ein Kind, dann sollen sie ein Achtel von eurer Hinterlassenschaft erhalten, nach Abzug aller etwa von euch gemachten Vermächtnisse oder Schulden. Und wenn es sich um einen Mann oder eine Frau handelt, deren Erbschaft geteilt werden soll, und er (oder sie) haben weder Eltern noch Kinder und er (oder sie) haben einen Bruder oder eine Schwester, dann sollen diese je ein Sechstel erhalten. Sind aber mehr (Geschwister) vorhanden, dann sollen sie sich in ein Drittel teilen zu (gleichen) Teilen, nach Abzug aller etwa gemachten Vermächtnisse oder Schulden, ohne Beeinträchtigung – eine Vorschrift von Allah und Allah ist der Weise, der Milde.

4:176 Sie befragen dich um Belehrung. Sprich: »Allah gibt Seine Belehrung bezüglich der entfernteren Verwandten: Wenn ein Mann stirbt und kein Kind hinterläßt, aber eine Schwester hat, dann soll sie die Hälfte von seiner Hinterlassenschaft haben; und er soll sie beerben, wenn sie kein Kind hat. Sind aber zwei Schwestern da, dann sollen sie zwei

Drittel von seiner Hinterlassenschaft haben. Und wenn sie Brüder und Schwestern sind, dann sollen die männlichen (Erben) den Anteil von zwei weiblichen erhalten.« Allah macht euch das klar, damit ihr nicht irrt; und Allah weiß alle Dinge.

Fasten

2:183 O die ihr glaubt! Fasten ist euch vorgeschrieben, wie es denen vor euch vorgeschrieben war, auf daß ihr gerecht werden möget.

2:184 (Das vorgeschriebene Fasten ist für) eine bestimmte Anzahl von Tagen; wer von euch aber krank oder auf Reisen ist, der soll an ebenso vielen anderen Tagen fasten; und für jene, die es schwerlich bestehen würden, ist eine Ablösung (vorgesehen): Speisung eines Armen. Und wer mit freiwilligem Gehorsam ein gutes Werk vollbringt, das ist noch besser für ihn. Und Fasten ist gut für euch, wenn ihr es nur begreifen würdet.

2:185 Der Monat Ramadan ist der, in welchem der Koran herabgesandt war als eine Weisung für die Menschheit mit deutlichen Beweisen der Leitung und Unterscheidung. Wer von euch daher in diesem Monat (daheim) anwesend ist, der möge den ganzen (Ramadan) hindurch fasten. Wer aber krank oder auf Reisen ist, der (faste) ebenso viele andere Tage, Allah wünscht es euch leicht, nicht schwer zu machen, und daß ihr die Zahl (der Tage) erfüllen und Allah preisen möget dafür, daß Er euch geleitet hat, und daß ihr dankbar sein möget.

2:187 Erlaubt ist euch, in der Nacht des Fastens zu euren Frauen einzugehen. Sie sind euch ein Gewand, und ihr seid ihnen ein Gewand. Allah weiß, daß ihr (solange der Umgang mit Frauen während der Fastenzeit auch bei Nacht als verboten galt) gegen euch selbst unrecht gehandelt habt, darum hat Er

Sich gnädig zu euch gekehrt und euch Erleichterung vergönnt. So möget ihr nunmehr zu ihnen eingehen (in den Nächten der Fastenzeit) und trachten nach dem, was Allah euch bestimmte; und eßt und trinkt, bis der weiße Faden von dem schwarzen Faden der Morgenröte zu unterscheiden ist. Dann vollendet das Fasten bis zum Einbruch der Nacht; und geht nicht ein zu ihnen, solange ihr in den Moscheen zur Andacht verweilt. Das sind die Schranken, die Allah gesetzt hat, so nähert euch ihnen nicht. Also macht Allah Seine Gebote den Menschen deutlich, auf daß sie sicher werden gegen das Böse.

Frauen, Behandlung

4:19   O die ihr glaubt, es ist euch nicht erlaubt, Frauen (nach dem Tode ihres Mannes) gegen ihren Willen zu beerben; noch sollt ihr sie widerrechtlich zurückhalten, um (ihnen) einen Teil von dem wegzunehmen, was ihr ihnen gabt, es sei denn, sie hätten offenbare Schändlichkeit begangen; und geht gütig mit ihnen um. Wenn ihr eine Abneigung gegen sie empfindet, wer weiß, vielleicht empfindet ihr Abneigung gegen etwas, worein Allah viel Gutes gelegt hat.

4:20   Und wenn ihr eine Frau gegen eine andere vertauschen möchtet und habt der einen bereits einen Schatz gegeben, so nehmt nichts davon zurück. Möchtet ihr es etwa durch Lüge und offenbare Sünde zurücknehmen?

4:21   Und wie könnt ihr es nehmen, wo einer von euch allein gewesen ist mit dem andern und sie (die Frauen) einen festen Bund von euch empfingen.

4:127 Und sie suchen bei dir den Entscheid (im Gesetz) über die Frauen. Sprich: »Allah gibt euch (hiermit) Seinen Entscheid über sie. Und (ebenso tut) das, was euch in dem Buch vorgetragen wird über die Waisenmädchen, denen ihr nicht gebt, was für sie vorgeschrieben ist, und die ihr nicht zu heiraten wünscht, und (über) die Schwachen (Minderjährigen) unter den Kindern, und daß ihr Gerechtigkeit gegen die Waisen übt. Und was ihr Gutes tut, fürwahr, Allah weiß es wohl.«

4:128 Und wenn eine Frau von ihrem Ehemann rohe Behandlung oder Gleichgültigkeit befürchtet, so soll es keine Sünde für sie beide sein, wenn sie sich friedlich (auf einen finanziellen Ausgleich?) einigen; denn Versöhnung ist das beste. Und die Menschen neigen (nun einmal?) zu Gier und Habsucht. Tut ihr jedoch Gutes und seid gottesfürchtig (ist es besser für euch). Wahrlich, Allah ist kundig eures Tuns.

Frauen, Gleichberechtigung

2:187 Erlaubt ist euch, in der Nacht des Fastens zu euren Frauen einzugehen. Sie sind euch ein Gewand und ihr seid ihnen ein Gewand. Allah weiß, daß ihr (solange der Umgang mit Frauen während der Fastenzeit auch bei Nacht als verboten galt) gegen euch selbst unrecht gehandelt habt, darum hat Er Sich gnädig zu euch gekehrt und euch Erleichterung vergönnt. So möget ihr nunmehr zu ihnen eingehen und trachten nach dem, was Allah euch bestimmte; und eßt und trinkt, bis der weiße Faden von dem schwarzen Faden der Morgenröte zu unterscheiden ist. Dann vollendet das Fasten bis zum Einbruch der Nacht; und geht nicht ein zu ihnen, solange ihr in den Moscheen zur Andacht verweilt. Das sind die Schranken, die Allah gesetzt hat, so nähert euch ihnen nicht. Also macht Allah Seine Gebote den Menschen deutlich, auf daß sie sicher werden gegen das Böse.

4:32 Und begehrt nicht das, womit Allah die einen von euch vor den andern ausgezeichnet hat. Die Männer sollen ihren Anteil erhalten nach ihrem Verdienst, und die Frauen sollen ihren Anteil erhalten nach ihrem Verdienst. Und bittet Allah um Seine Huld. Wahrlich, Allah hat vollkommene Kenntnis von allen Dingen.

4:124 Wer aber gute Werke tut, sei es Mann oder Weib, und gläubig ist; sie sollen in den Himmel gelangen, und sie sollen kein Unrecht erleiden, auch nicht (so viel wie) die kleine Rille auf der Rückseite eines Dattelkernes.

16:97 Wer recht handelt, ob Mann oder Weib, und gläubig ist, dem werden Wir gewißlich ein reines Leben gewähren; und Wir werden gewißlich solchen ihren Lohn bemessen nach dem besten ihrer Werke.

40:40 Wer Böses tut, dem soll nur mit Gleichem vergolten werden; wer aber Gutes tut – sei er Mann oder Weib – und gläubig ist, diese werden in den Garten eintreten; darin werden sie versorgt werden mit Unterhalt ohne Maß.

Frauen, Gleichgewicht unter den Ehefrauen

4:129 Und ihr könnt kein (vollkommenes) Gleichgewicht zwischen euren Frauen halten, so sehr ihr es auch wünschen möget. Aber neigt euch nicht gänzlich (einer) zu, also daß ihr die anderen gleichsam in der Schwebe lasset. Und wenn ihr es wiedergutmacht und recht handelt, wahrlich, Allah ist allverzeihend, barmherzig.

4:130 Und wenn sie sich trennen, so wird Allah beide aus Seiner Fülle unabhängig machen; und Allah ist huldreich, weise.

2:222 Und sie fragen dich über die monatliche Reinigung. Sprich: »Sie ist schadenbringend, so haltet euch fern von Frauen während der Reinigung und geht nicht ein zu ihnen, ehe sie nicht rein sind. Haben sie sich jedoch gereinigt, so geht ein zu ihnen, wie Allah es euch geboten.« Allah liebt die sich zu Ihm Bekehrenden und die sich Reinhaltenden.

Frauen, Reize zur Schau tragen

24:31 Und sprich zu den gläubigen Frauen, daß sie ihre Blicke zu Boden schlagen und ihre Keuschheit (ihre Scham) wahren sollen und daß sie ihre Reize nicht zur Schau tragen sollen, bis auf das, was davon sichtbar sein muß, und daß sie ihren Schal sich über den (vom Halsausschnitt nach vorne heruntergehenden) Schlitz (des Kleides) ziehen und ihre Reize vor niemand enthüllen als vor ihren Gatten, oder ihren Vätern, oder den Vätern ihrer Gatten, oder ihren Söhnen, oder den Söhnen ihrer Gatten, oder ihren Brüdern, oder den Söhnen ihrer Brüder, oder den Söhnen ihrer Schwestern, oder deren Frauen, oder denen, die ihre Rechte besitzt (ihren Sklavinnen), oder solchen von ihren männlichen Dienern, die keinen Geschlechtstrieb haben, und den Kindern, die von der Blöße der Frauen nichts wissen. Und sie sollen ihre Füße nicht (auf den Boden) schlagen (um ihre Fuß- und Kniespangen klirren zu lassen), so daß bekannt wird, was sie von ihrem Zierat verbergen. Und bekehrt euch zu Allah insgesamt, o ihr Gläubigen, auf daß ihr erfolgreich seit.

24:60 (Was nun) die älteren Frauen (anbetrifft), die nicht mehr auf Heirat hoffen können, so trifft sie kein Vorwurf, wenn sie ihre Kleider ablegen, ohne ihre Zierde zur Schau zu stellen. Aber wenn sie sich dessen enthalten, so ist das besser für sie. Und Allah ist allhörend, allwissend.

33:59 O Prophet! Sprich zu deinen Frauen und deinen Töchtern und zu den Frauen der Gläubigen, sie sollen (wenn sie ausgehen) sich in ihren Überwurf verhüllen. So ist es am ehesten gewährleistet, daß sie (als ehrbare Frauen) erkannt und nicht belästigt werden. Und Allah ist verzeihend, barmherzig.

Frauen, Stillzeit der Kinder

2:233 Und (die geschiedenen) Mütter sollen ihre Kinder zwei volle Jahre stillen; (das gilt) für den, der wünscht, daß das Stillen vollständig sei. Und der Mann, dem das Kind gehört, soll für ihre (der Mutter) Nahrung und Kleidung aufkommen nach dem Brauch. Keine Seele werde belastet über ihr Vermögen. Die Mutter soll (den Vater) nicht leiden lassen wegen ihres Kindes, noch soll der, dem das Kind gehört, (die Mutter) leiden lassen wegen seines Kindes; und dasselbe obliegt dem Erben. Entscheiden sie sich beide nach gegenseitigem Einvernehmen und Beratung, daß (das Kind) entwöhnt werde, dann trifft sie kein Vorwurf. Und wenn ihr wünscht, eine Amme zu nehmen für eure Kinder, dann soll euch kein Vorwurf treffen, gesetzt, ihr zahlt den ausbedungenen Lohn nach Gerechtigkeit. Und fürchtet Allah und wisset, Allah sieht euer Tun.

4:34   Die Männer aber stehen über den Frauen, weil Allah einem Teil (der Menschen) einen Vorzug vor dem anderen gegeben hat und weil die Männer von ihrem Vermögen (als Morgengabe für die Frauen?) hingeben. Die rechtschaffenen Frauen sind daher (Gott) demütig (ergeben) und bewahren das Verborgene für sich, weil auch Allah es für sich behält. Die Frauen aber, deren Widerspenstigkeit ihr befürchtet, ermahnt, meidet sie im Ehebett und straft sie! Wenn sie euch dann gehorchen, setzt ihnen nicht mehr zu! Allah ist erhaben und groß.

4:35   Und befürchtet ihr ein Zerwürfnis zwischen ihnen, dann bestimmt einen Schiedsrichter aus seiner Sippe und einen Schiedsrichter aus ihrer Sippe. Wenn diese dann für Aussöhnung sind, so wird Allah das zwischen ihnen bewerkstelligen. Siehe, Allah ist allwissend, allkundig.

4:128   Und wenn eine Frau von ihrem Ehemann rohe Behandlung oder Gleichgültigkeit befürchtet, so soll es keine Sünde für sie beide sein, wenn sie sich freundlich (auf einen finanziellen Ausgleich?) einigen; denn Versöhnung ist das beste. Und die Menschen neigen (nun einmal?) zu Gier und Habsucht. Tut ihr jedoch Gutes und seid ihr gottesfürchtig (ist es besser für euch). Wahrlich, Allah ist kundig eures Tuns.

4:129   Und ihr könnt kein (vollkommenes) Gleichgewicht zwischen euren Frauen halten, so sehr ihr es auch wünschen mögt. Aber neigt euch nicht gänzlich (einer) zu, also daß ihr die anderen gleichsam in der Schwebe laßt. Und wenn ihr es wiedergutmacht und recht handelt, wahrlich, Allah ist allverzeihend, barmherzig.

2:240 Und die von euch sterben und Gattinnen hinterlassen, sollen ihren Gattinnen Versorgung auf ein Jahr vermachen, ohne daß sie aus dem Hause müssen. Gehen sie aber (von selbst), so soll euch kein Tadel treffen für irgend etwas, was sie nach Billigkeit mit sich selber tun. Und Allah ist allmächtig, weise.

2:241 Und (auch) für die geschiedenen Frauen soll eine Versorgung vorgesehen werden nach Gerechtigkeit – eine Pflicht für die Gottesfürchtigen.

Freunde

3:28 Laßt nicht die Gläubigen sich Ungläubige zu Freunden nehmen, ihnen den Vorrang gebend vor den Gläubigen – und wer das tut, hat keine Verbindung mit Allah –, es sei denn, daß ihr euch vorsichtig vor ihnen hütet. Allah warnt euch vor Seiner Strafe, und zu Allah ist die Heimkehr.

3:118 O die ihr glaubt, nehmt euch nicht solche zu vertrauten Freunden, die nicht zu euch gehören; sie werden nicht verfehlen, euch zu verderben. Sie sehen es gern, wenn euch Unheil trifft. Schon ward Haß offenbar aus ihrem Mund, doch was ihre Brust verhehlt, ist noch weit schlimmer. Wir haben euch die Gebote klar gemacht, wenn ihr nur verstehen wollt.

3:119 Seht her, ihr liebt sie, sie aber lieben euch nicht. Und ihr glaubt an das ganze Buch. Wenn sie euch treffen, so sprechen sie: »Wir glauben«; sobald sie aber allein sind, beißen sie sich in die Fingerspitzen vor Zorn gegen euch. Sprich: »Sterbet an eurem Zorn!« Wahrlich, Allah weiß wohl, was in den Herzen verborgen ist.

3:120 Wenn euch (Gläubigen) etwas Gutes widerfährt, so tut es ihnen leid; widerfährt euch Böses, so freuen sie sich darüber. Seid ihr aber standhaft und redlich, so wird ihre List euch nichts schaden; denn wahrlich, Allah umfaßt ihr Tun.

5:51 O die ihr glaubt! Nehmet nicht die Juden und Christen zu (engen) Freunden. Sie sind Freunde untereinander. Und wer von euch sie zu Freunden nimmt, der gehört fürwahr zu ihnen. Wahrlich, Allah leitet nicht das Volk der Ungerechten.

5:55 Eure Freunde sind einzig Allah und sein Gesandter und die Gläubigen, die das Gebet verrichten und die Zakat (Almosen) zahlen und Gott allein anbeten.

5:57 O die ihr glaubt, nehmt euch nicht zu Freunden, die euren Glauben zum Gespött machen und ihren Scherz damit treiben unter denen, die vor euch die Schrift empfingen, und unter den Ungläubigen. Und fürchtet Allah, wenn ihr Gläubige seid.

Gebet

5:6 O die ihr glaubt! Wenn ihr zum Gebet hintretet, so wascht euer Gesicht und eure Hände bis zu den Ellbogen, und wischt euch mit den nassen Händen über den Kopf und (waschet) eure Füße, bis zu den Knöcheln. Und wenn ihr unrein seid (nach dem Beischlaf), reinigt euch (durch ein Bad).
Und wenn ihr krank oder auf einer Reise seid (und dabei unrein), oder wenn einer von euch vom Abtritt kommt, oder wenn ihr Frauen berührt habt, und ihr findet kein Wasser, so nehmt feinen Sand und reibt euch damit Gesicht und Hände. Allah will euch nicht in Schwierigkeiten bringen. Er will euch nur reinigen und Seine Gnade an euch erfüllen, auf daß ihr dankbar sein möget.

11:114 Und verrichte das Gebet an den beiden Enden des Tages (d. h. morgens und abends), und den Stunden der Nacht. Wahrlich, die guten Werke vertreiben die bösen. Das ist eine Ermahnung für die Nachdenklichen.

17:78 Verrichte das Gebet beim Verbleichen und Niedergehen der Sonne bis zum Dunkel der Nacht; (sprich) den Koran (im Gebet) bei Tagesanbruch. Wahrlich, die Lesung des Korans bei Tagesanbruch ist besonders angezeigt.

29:45 Verlies, was dir von dem Buche offenbart war, und verrichte das Gebet. Wahrlich, das Gebet hält ab von aller Art Schändlichkeit und Unrecht. Gedenken an Allah ist gewiß die höchste (Tugend). Und Allah weiß, was ihr tut.

52:48 So warte geduldig auf das Urteil deines Herrn; denn sicherlich, du bist vor Unseren Augen (geschützt); und lobpreise deinen Herrn mit Seiner Lobpreisung, wenn du (im Gebet) stehst.

52:49 Und auch in einem Teil der Nacht preise Ihn und beim Erblassen der Sterne (in der Morgendämmerung).

Gebet, wann man nicht zum Gebet hintreten darf

4:43 O die ihr glaubt, nahet nicht dem Gebet, wenn ihr nicht bei Sinnen seid (sondern wartet), bis ihr wisset, was ihr sprecht, noch auch wenn ihr unrein seid (nach Beischlaf), es sei denn, ihr wäret unterwegs auf Reisen, bis ihr euch gewaschen habt. Und wenn ihr krank seid oder auf einer Reise (und dabei unrein), oder einer von euch vom Abtritt kommt oder wenn ihr Frauen berührt habt und findet kein Wasser, dann nehmt feinen Sand und reibt euch damit Gesicht und Hände. Wahrlich, Allah ist nachsichtig, allverzeihend.

62:9   O die ihr glaubt, wenn der Ruf zum Gebet am Freitag erschallt, dann eilet zum Gedenken Allahs und lasset den Handel ruhn. Das ist besser für euch, wenn ihr es nur wüßtet.

Gebet, Gebete des Korans

1:1   Preis sei Allah, dem Herrn der Menschen in aller Welt,

1:2   Dem Gnädigen, dem Barmherzigen,

1:3   Dem Herrscher am Tage des Gerichts.

1:4   Dir allein dienen wir, und Dich allein bitten wir um Hilfe.

1:5   Führe uns auf den rechten Weg,

1:6   den Weg derer, denen Du Deine Gnade erwiesen hast,

1:7   nicht (den Weg) derer, die Deinem Zorn verfallen sind und die irregehen.

2:136   Sprecht: »Wir glauben an Allah und was uns offenbart worden, und was offenbart ward Abraham und Ismael und Isaak und Jakob und (seinen) Kindern, und was gegeben ward Moses und Jesu, und was gegeben ward (allen andern) Propheten von ihrem Herrn. Wir machen keinen Unterschied zwischen ihnen; und Ihm ergeben wir uns.«

3:8   »Unser Herr, laß unsere Herzen nicht verderbt werden, nachdem Du uns geleitet hast, und gewähre uns Gnade vor Dir; gewiß, Du allein bist der Gewährende.

3:9   Unser Herr, Du wirst gewißlich das Menschengeschlecht versammeln an dem Tage, über den kein Zweifel ist; wahrlich, Allah bricht das Versprechen nicht.«

3:26 Sprich: »O Allah, Herr der Herrschaft, Du gibst die Herrschaft, wem Du willst, und Du nimmst die Herrschaft, wem Du willst. Du erhöhst, wen Du willst, und erniedrigst, wen Du willst. In Deiner Hand ist alles Gute. Wahrlich, Du hast Macht über alle Dinge.

3:27 Du läßt die Nacht übergehen in den Tag und läßt den Tag übergehen in die Nacht. Du läßt das Lebendige hervorgehen aus dem Toten und läßt das Tote hervorgehen aus dem Lebendigen. Und Du gibst, wem Du willst, ohne Maß.«

3:193 »Unser Herr, wir hörten einen Rufer auffordern zum Glauben: ›Glaubt an euren Herrn!‹ und wir haben geglaubt. Unser Herr, vergib uns darum unsere Vergehen und nimm hinweg von uns unsere Übel und zähle uns im Tode zu den Gerechten.«

3:194 »Unser Herr, gib uns, was Du uns verheißen durch Deine Gesandten; und stürze uns nicht in Schande am Tage der Auferstehung. Wahrlich, Du brichst das Versprechen nicht.«

40:7 Die (Engel), die den Thron (Gottes) tragen und die ihn umringen, sie verkünden den Preis ihres Herrn und glauben an Ihn und erbitten Vergebung für jene, die gläubig sind (indem sie sprechen): »Unser Herr, Du umfaßt alle Dinge mit Barmherzigkeit und Wissen. Vergib darum denen, die bereuen und Deinem Wege folgen; und bewahre sie vor der Strafe der Hölle.

40:8 Unser Herr, lasse sie eintreten in die Gärten der Ewigkeit, die Du ihnen verheißen hast, wie auch jene ihrer Väter und ihrer Frauen und ihrer Kinder, die rechtschaffen sind. Gewiß, Du bist der Allmächtige, der Weise.

40:9 Und bewahre sie vor Übel, denn: wen Du vor Übel bewahrst an jenem Tage – ihm hast Du wahrlich Barmherzigkeit erwiesen. Und das ist die höchste Glückseligkeit.«

22 : 5 O ihr Menschen, wenn ihr im Zweifel seid über die Auferstehung, so (bedenkt) daß wir euch aus Staub (aus Erde) erschaffen haben, dann aus einem Samentropfen (Sperma), dann aus einem Blutgerinnsel (Embryo), dann aus einem Klumpen Fleisch (Fötus), halb geformt und halb ungeformt, auf daß Wir euch (Unseren Willen) deutlich machen möchten. Und Wir lassen in den Mutterschößen ruhen, was Wir wollen, bis zu einer bestimmten Frist; dann bringen Wir euch als Kindchen hervor; dann (ziehen Wir euch groß) daß ihr euer Alter der Vollkraft erreichen möget. Und einige sind unter euch, die (in der Jugend) vom Tode ereilt werden, und andere sind unter euch, die zu einem hinfälligen Greisenalter zurückgeführt werden, so daß sie, nachdem (sie) Wissen (besaßen), nichts mehr wissen. Und du siehst die Erde leblos, doch wenn Wir Wasser über sie niedersenden, dann regt sie sich und schwillt und läßt alle Arten (des Pflanzenreichs) hervorsprießen, die das Auge entzücken.

35 : 11 Und Allah hat euch aus Staub (Erde) erschaffen, dann aus einem Samentropfen (Sperma), dann machte Er euch zu Paaren. Und kein Weib wird schwanger oder gebiert ohne Sein Wissen. Und keiner, dem das Leben verlängert wird, (sieht) sein Leben verlängert, noch wird sein Leben irgend verringert, ohne daß es in einem Buch verzeichnet stünde. Das ist sicherlich ein leichtes für Allah.

39 : 6 Er schuf euch aus einem einzigen Wesen (Adam); dann machte Er aus diesem seine Gattin; und Er sandte für euch hernieder acht Haustiere in Paaren (Schafe, Ziegen, Kamele, Rinder). Er erschafft euch in den Schößen eurer Mütter, Schöpfung nach Schöpfung, in dreifacher Finsternis (Leib, Mutterschoß und Plazenta?). Das ist Allah, euer Herr. Sein ist das Reich. Es gibt keinen Gott außer Ihm. Wie laßt ihr euch da abwendig machen?

Geiz

4:37   Die da geizig sind und die Menschen zum Geiz
       verleiten, und verhehlen, was Allah ihnen von Sei-
       ner Huld gewährt hat. Und Wir haben den Un-
       gläubigen schmähliche Strafe bereitet.

17:29 Und laß deine Hand nicht an deinen Nacken gefes-
       selt sein (sei nicht geizig), aber strecke sie auch
       nicht zu weit geöffnet aus (sei nicht verschwende-
       risch), damit du nicht getadelt, (wegen deines Gei-
       zes, oder) verarmt (wegen deiner Verschwendung)
       dasitzen mußt.

Gerechtigkeit

4:58   Wahrlich, Allah gebietet euch, daß ihr Vertrau-
       enssachen ihren Besitzern übergebt, und wenn ihr
       zwischen Menschen richtet, daß ihr richtet nach
       Gerechtigkeit. Fürwahr, herrlich ist, wozu Allah
       euch ermahnt. Allah ist allhörend, allsehend.

4:135 O die ihr glaubt, seid fest in Wahrung der Gerech-
       tigkeit, und seid Zeugen für Allah, mag es auch
       gegen euch selbst oder gegen (eure) Eltern und
       Verwandten sein. Ob Reiche oder Arme, Allah
       steht (als Rechtswahrer) beiden näher (als ihr).
       Darum folgt nicht der Leidenschaft, auf daß ihr
       imstande sein möget, gerecht zu handeln. Und
       wenn ihr (die Wahrheit) verhehlt oder (ihr) aus-
       weicht, dann (bedenkt), Allah ist wohl kundig eu-
       res Tuns.

5:8   O die ihr glaubt! Seid standhaft in Allahs Sache,
       bezeugend in Gerechtigkeit! Und die Feindselig-
       keit eines Volkes soll euch nicht verleiten, anders
       denn gerecht zu handeln. Seid gerecht, das ist nä-

her der Gottesfurcht. Und fürchtet Allah. Wahrlich, Allah ist kundig eures Tuns.

6:152 Und kommt dem Besitz der Waise nicht nahe, es sei denn (zu ihrem) Besten, bis sie ihre Volljährigkeit erreicht hat.
Und gebt volles Maß und Gewicht in Gerechtigkeit. Wir legen keiner Seele mehr auf, als sie zu tragen vermag. Und wenn ihr einen Spruch fällt, so übt Gerechtigkeit, auch wenn es einen nahen Verwandten betrifft; und den Bund Allahs haltet. Das ist es, was Er euch gebietet, auf daß ihr ermahnt sein möget.

7:29 Sprich: »Mein Herr hat Gerechtigkeit befohlen. Wendet euer Angesicht (zu jeder Zeit und) an jeder Stätte der Andacht, und rufet Ihn an in lauterem Glauben. So wie Er euch erschaffen hat, so sollt ihr (auch zu Ihm) zurückkehren.«

16:90 Wahrlich, Allah gebietet Gerechtigkeit und (daß ihr uneigennützig) Gutes tut und (andern) spendet wie Verwandten; und Er verbietet Schändlichkeit und offenbare Schlechtigkeit und Übertretung. Er ermahnt euch, auf daß ihr es beherzigt.

16:97 Wer recht handelt, ob Mann oder Weib, und gläubig ist, dem werden Wir gewißlich ein reines Leben gewähren; und Wir werden gewißlich solchen ihren Lohn bemessen nach dem besten ihrer Werke.

60:8 Allah verbietet euch nicht, gegen jene, die euch nicht bekämpft haben des Glaubens wegen und euch nicht aus euren Heimstätten vertrieben haben, gütig zu sein und gerecht mit ihnen zu verfahren; denn Allah liebt die Gerechtigkeit Zeigenden.

2:177 Nicht darin besteht Gerechtigkeit, daß ihr euer Antlitz nach Osten oder nach Westen kehrt, sondern wahrhaft gerecht ist der, welcher an Allah glaubt und an den Jüngsten Tag und an die Engel und das Buch und die Propheten und aus Liebe zu Ihm sein Geld ausgibt für die Angehörigen und für die Waisen und Bedürftigen und für den Wandersmann und die um eine milde Gabe bitten, und für (Loskauf der) Gefangenen und der das Gebet verrichtet und die Zakat (Almosen) zahlt; sowie jene, die ihr Versprechen halten, wenn sie eins gegeben haben, und die in Armut und Trübsal Geduldigen und die in Kriegszeit (Standhaften); sie sind es, die sich als redlich bewährt haben, und sie sind die Gottesfürchtigen.

22:77 O die ihr glaubt, beuget euch und fallet nieder und verehret euren Herrn, und tut das Gute, auf daß es euch wohl ergehen möge.

22:78 Und eifert in Allahs Sache, wie dafür geeifert werden soll. Er hat euch erwählt und hat euch keine Härten auferlegt in der Religion; (folget) dem Bekenntnis eures Vaters Abraham. Er ist es, der euch vordem schon Muslime nannte und (nun) in diesem (Buche), damit der Gesandte Zeuge sei über euch und damit ihr Zeugen seiet über die Menschen. Darum verrichtet das Gebet und zahlet die Zakat und haltet fest an Allah. Er ist euer Gebieter. Ein vortrefflicher Gebieter und ein vortrefflicher Helfer!

23:1 Erfolg fürwahr krönt die Gläubigen,

23:2 die sich demütigen in ihren Gebeten

23:3 und die sich fernhalten von allem, was eitel ist,

23:4 und die nach Reinheit streben

23:5 und die ihre fleischlichen Begierden im Zaum halten –

23:6 es sei denn mit ihren Gattinnen oder denen, die

ihre Rechte besitzt (ihre Sklavinnen), denn dann sind sie nicht zu tadeln;

23 : 7 die aber darüber hinaus Gelüste tragen, die sind die Übertreter –,

23 : 8 und die ihre Treue und ihre Verträge wahren

23 : 9 und die streng auf ihre Gebete achten.

23 : 10 Das sind die Erben,

23 : 11 die das Paradies ererben werden. Ewig werden sie darin weilen.

62 : 9 O die ihr glaubt, wenn der Ruf zum Gebet am Freitag erschallt, dann eilt zum Gedenken Allahs und laßt den Handel ruhn. Das ist besser für euch, wenn ihr es nur wüßtet.

Glauben, es soll kein Zwang sein im Glauben

2 : 256 Es soll kein Zwang sein im Glauben. Gewiß, Recht ist nunmehr deutlich unterscheidbar von Unrecht; wer also sich von den Frevlern nicht leiten läßt und an Allah glaubt, der hat sicherlich eine starke Handhabe ergriffen, die kein Brechen kennt; und Allah ist allhörend, allwissend.

10 : 99 Und wenn dein Herr wollte, würden die, die auf der Erde sind, alle zusammen gläubig werden. Willst nun du die Menschen (dazu) zwingen, daß sie glauben?

Gut und Böse

4 : 110 Wer Böses tut oder sich wider eine Seele versündigt und dann bei Allah Vergebung sucht, der wird Allah langmütig vergebend (und) barmherzig finden.

4:111 Und wer eine Sünde begeht, der begeht sie nur gegen sein eigenes Selbst. Und Allah ist allwissend, weise.

4:112 Und wer ein Unrecht oder eine Sünde begeht und sie dann einem Unschuldigen zur Last legt, der hat gewiß Verleumdung und offenbare Sünde auf sich geladen.

6:160 Wer eine gute Tat vollbringt, dem soll zehnfach vergolten werden; wer aber eine böse Tat übt, der soll nur das gleiche als Lohn empfangen; und kein Unrecht sollen sie leiden.

10:26 Denen, die Gutes tun, soll der beste (Lohn) werden und noch mehr (an Segnungen). Und weder Dunkel noch Schmach soll ihr Antlitz bedecken. Sie sind es, die die Bewohner des Himmels sein werden, ewig darin zu weilen.

10:27 Die aber Böses tun, wird Böses treffen in gleichem Maß, und Schmach wird sie bedecken. Niemand wird da sein, sie vor Allah zu schützen (und es soll sein), als ob ihre Angesichter verhüllt wären mit finsteren Nachtfetzen. Sie werden des Feuers Bewohner sein, darin müssen sie bleiben.

16:90 Wahrlich, Allah gebietet Gerechtigkeit und (daß ihr uneigennützig) Gutes tut und (andern) spendet wie Verwandten; und Er verbietet Schändlichkeit und offenbare Schlechtigkeit und Übertretung. Er ermahnt euch, auf daß ihr es beherzigt.

24:26 Böse Frauen sind für böse Männer, und böse Männer sind für böse Frauen. Und gute Frauen sind für gute Männer, und gute Männer sind für gute Frauen; sie sind frei von all dem, was die (die Verleumder ihnen) nachsagen. Ihnen wird Vergebung und eine ehrenvolle Versorgung zuteil.

40:40 Wer Böses tut, dem soll nur mit Gleichem vergolten werden; wer aber Gutes tut – er sei Mann oder Weib – und gläubig ist, diese werden in den Garten

eintreten; darin werden sie versorgt werden mit
Unterhalt ohne Maß.

Häuser, Betreten fremder Häuser

24:27 O die ihr glaubt, betretet nicht andere Häuser außer euren, ohne ihre Bewohner vorher um Erlaubnis zu bitten und sie zu grüßen. Das ist besser für
euch, auf daß ihr achtsam seiet.

24:28 Und wenn ihr niemanden darin findet, so tretet
nicht eher ein, als bis euch Erlaubnis gegeben wird.
Und wenn zu euch gesprochen wird: »Kehret
um«, dann kehret um, denn es ist reiner für euch.
Und Allah weiß wohl, was ihr tut.

24:29 Es ist euerseits keine Sünde, wenn ihr in unbe-
wohnte Häuser tretet, worin sich eure Güter be-
finden. Allah weiß, was ihr kundtut und was ihr
verhehlt.

Heirat

2:221 Und heiratet nicht Götzendienerinnen, ehe sie
gläubig geworden (sind); selbst eine gläubige Skla-
vin ist besser als eine Götzendienerin, so sehr sie
euch gefallen mag. Und verheiratet (keine gläubigen Frauen) mit Götzendienern, ehe sie gläubig
geworden (sind); selbst ein gläubiger Sklave ist
besser als ein Götzendiener, so sehr er euch gefallen mag. Jene rufen zum Feuer, Allah aber ruft
zum Himmel und zur Vergebung durch Sein Gebot. Und Er macht Seine Zeichen den Menschen
klar, auf daß sie sich erinnern.

4:3 Und wenn ihr fürchtet, ihr würdet nicht gerecht gegen die Waisen handeln (falls ihr vorhabt eine der eurer Obhut anvertrauten Waisen zu heiraten), dann heiratet (andere) Frauen, die euch gefallen, zwei oder drei oder vier; und wenn ihr fürchtet, ungerecht zu handeln, dann (heiratet nur) eine oder was eure Rechte besitzt (eure Sklavinnen). Das ist der einfachste (Weg) für euch, Unrecht zu vermeiden.

4:24 Und (verboten sind euch) verheiratete Frauen, ausgenommen solche, die eure Rechte besitzt (die Sklavinnen). Das hat Allah euch verordnet. Und erlaubt sind euch alle anderen, daß ihr sie sucht mit den Mitteln eures Vermögens, wenn ihr sie nur ehelicht und nicht Unzucht begeht. Und für die Freuden, die ihr von ihnen empfanget, gebt ihnen ihre Morgengabe, wie festgesetzt. Es soll keine Sünde für euch sein, wenn ihr, über die Festsetzung hinaus, ein gegenseitiges Übereinkommen trefft. Wahrlich, Allah ist allwissend, weise.

4:25 Und wer von euch es sich nicht leisten kann, freie gläubige Frauen zu heiraten, der heirate eine von den gläubigen Sklavinnen, die seine Rechte besitzt. Und Allah kennt euren Glauben am besten. Die einen von euch sind von den andern; so heiratet sie mit Erlaubnis ihrer Herren und gebt ihnen ihre Morgengabe nach Gerechtigkeit, wenn sie keusch sind, nicht Unzucht treiben noch insgeheim Liebhaber nehmen. Und wenn sie, nachdem sie verheiratet sind, des Ehebruchs schuldig werden, dann sollen sie die Hälfte der Strafe erleiden, die für freie Frauen vorgeschrieben ist. Das gilt für den unter euch, der fürchtet, sich zu versündigen. Und daß ihr euch zurückhaltet, ist besser für euch; und Allah ist allverzeihend, barmherzig.

5:5 Heute sind euch alle guten Dinge erlaubt. Und die Speise des Volkes der Schrift ist euch erlaubt, und eure Speise ist ihnen erlaubt. Und (erlaubt sind euch) keusche (ehrbare) Frauen aus den Reihen der Gläubigen und keusche (ehrbare) Frauen aus den

Reihen derer, die vor euch die Schrift empfingen, wenn ihr ihnen ihre Morgengabe gebt und einen vollgültigen Heiratsvertrag mit ihnen schließt, nicht Unzucht begeht noch heimlich Buhlweiber nehmt. Und wer den Glauben verleugnet, dessen Werk ist ohne Zweifel zunichte geworden, und im Jenseits wird er unter den Verlierenden sein.

24 : 3 Ein Mann, der dem Ehebruch oder der Hurerei ergeben ist, soll nur ein Weib von derselben Art oder eine Götzendienerin heiraten; und ein Weib, das dem Ehebruch oder der Hurerei ergeben ist, keiner soll sie heiraten als ein Mann von derselben Art oder ein Götzendiener. All das ist den Gläubigen verwehrt.

Heirat, Heiratsverbot

4 : 22 Und heiratet nicht solche Frauen, die mit euren Vätern verheiratet waren, es sei denn, es ist bereits geschehen. Es ist schändlich, hassenswert – ein übler Weg!

4 : 23 Verboten für euch sind eure Mütter und eure Töchter und eure Schwestern, eures Vaters Schwestern und eurer Mutter Schwestern, eure Bruderstöchter und Schwesterstöchter, eure Nährmütter, die euch gestillt haben, und eure Milchschwestern, und die Mütter eurer Frauen und eure Stieftöchter, die in eurem Schutze sind, wenn sie von solchen eurer Frauen stammen, denen ihr schon beigewohnt – doch wenn ihr ihnen noch nicht beigewohnt habt, dann soll euch das nicht als Sünde angerechnet werden –, ferner die Frauen eurer Söhne, wenn es (Söhne) von euren Lenden sind; auch (ist es euch verboten), zwei Schwestern gleichzeitig zu Ehefrauen zu haben, es sei denn, es sei bereits geschehen; wahrlich, Allah ist allverzeihend, barmherzig.

4:24 Und (verboten sind euch) verheiratete Frauen, ausgenommen solche, die eure Rechte besitzt (eure Sklavinnen). Das hat Allah euch verordnet. Und erlaubt sind euch alle anderen, daß ihr sie sucht mit den Mitteln eures Vermögens, wenn ihr sie nur richtig ehelicht und nicht Unzucht begeht. Und für die Freuden, die ihr von ihnen empfanget, gebt ihnen ihre Morgengabe, wie festgesetzt. Es soll keine Sünde für euch sein, wenn ihr, über die Festsetzung hinaus, ein gegenseitiges Übereinkommen trefft. Wahrlich, Allah ist allwissend, weise.

Heirat, Wiederheirat

2:228 Und die geschiedenen Frauen sollen dreimal ihre Periode abwarten, ehe sie über sich verfügen; und es ist ihnen nicht erlaubt, das zu verhehlen, was Allah in ihrem Schoß erschaffen hat, wenn sie an Allah und an den Jüngsten Tag glauben; und ihre Gatten haben das größere Anrecht, sie während dieser Zeit zurückzunehmen, wenn sie eine Aussöhnung wünschen. Und die Frauen haben die gleichen Rechte, wie sie (die Männer) über sie haben in Gerechtigkeit; doch haben die Männer einen Vorrang vor ihnen; und Allah ist allmächtig, weise.

2:234 Und wenn welche unter euch sterben und Gattinnen hinterlassen, so sollen diese vier Monate und zehn Tage warten, ehe sie über sich verfügen. Haben sie dann das Ende ihrer Frist erreicht, so soll euch keine Schuld treffen für irgend etwas, das sie mit sich selber nach Gerechtigkeit tun; und Allah achtet wohl eurer Taten.

2:235 Und es soll euch kein Vorwurf treffen, wenn ihr (diesen) Frauen gegenüber auf eine Heiratsabsicht anspielt oder (einen solchen Wunsch) in eurem Herzen verborgen haltet. Allah weiß ja doch, daß ihr (in diesem Sinn) an sie denkt. Doch machet nicht heimlich einen Vertrag mit ihnen, außer daß ihr ein geziemendes Wort sprecht. Und beschließt nicht das Ehebündnis vor Ablauf der vorgeschriebenen Frist. Und wisset, Allah weiß, was in eurem Herzen ist; hütet euch also, und wisset, Allah ist allverzeihend, langmütig.

Heuchler

9:67 Die Heuchler und Heuchlerinnen, sie halten zusammen. Sie gebieten das Unrechte und verbieten das Rechte, und ihre Hände bleiben geschlossen (sie geben keine Almosen). Sie haben Allah vergessen, so hat Er sie vergessen. Wahrlich, die Heuchler, das sind die Ungehorsamen.

9:68 Allah verheißt den Heuchlern und Heuchlerinnen und den Ungläubigen das Feuer der Hölle, darin müssen sie bleiben. Das wird genug für sie sein. Allah hat sie verflucht, und es erwartet sie eine andauernde Strafe –

9:69 Genau so, wie jene, die vor euch waren. Sie waren mächtiger als ihr an Kraft und reicher an Gut und Kindern. Sie erfreuten sich ihres Loses eine kurze Zeit; auch ihr habt euch eures Loses erfreut, gerade so wie jene vor euch sich ihres Loses erfreuten. Und ihr ergötzt euch an müßiger Rede, nicht anders als jene sich an müßiger Rede ergötzten. Ihre Werke sollen ihnen nichts fruchten, weder in dieser Welt noch in der künftigen. Und sie sind die Verlorenen.

9:73 O du Prophet, kämpfe gegen die Ungläubigen und die Heuchler. Und sei streng mit ihnen. Ihr Aufenthalt ist die Hölle, und das ist eine schmähliche Bestimmung.

9:74 Sie schwören bei Allah, daß sie nichts gesagt haben, doch sie führten unzweifelhaft lästerliche Re-

71

de und fielen in Unglauben zurück, nachdem sie den Islam angenommen hatten. Sie sannen auf das, was sie nicht erreichen konnten. Und sie nährten nur darum Haß, weil Allah und Sein Gesandter sie reich gemacht hatten aus Seiner Huld. Wenn sie nun bereuen, so wird es besser für sie sein; wenden sie sich jedoch ab, so wird Allah sie strafen mit schmerzlicher Strafe in dieser Welt und im Jenseits, und sie sollen auf Erden weder Freund noch Helfer finden.

9:75 Unter ihnen sind manche, die mit Allah ein Bündnis schlossen (und sprachen): »Wenn Er uns Seine Fülle gibt, dann wollen wir bestimmt Almosen geben, und dann wollen wir rechtschaffen sein.«

9:76 Doch als Er ihnen dann aus Seiner Fülle gab, da wurden sie damit geizig und wandten sich weg in Abneigung.

9:77 So vergalt Er ihnen mit Heuchelei in ihren Herzen bis zum Tage, an dem sie Ihm begegnen werden, weil sie das Versprechen brachen, das sie Allah gegeben, und weil sie logen.

9:79 Die da jene Gläubigen schelten, die freiwillig Almosen geben, wie auch jene, die nichts (zu geben) finden als (den Ertrag) ihrer Arbeit – und sie deswegen verhöhnen –, Allah wird ihnen ihren Hohn vergelten, und es erwartet sie schmerzliche Strafe.

33:48 Und gehorch nicht den Ungläubigen und den Heuchlern, und beachte ihre Belästigung nicht, und vertraue auf Allah; denn Allah genügt als Beschützer.

Islam, Religion Allahs

3:19 Wahrlich, die (wahre) Religion vor Allah ist Islam (vollständige Ergebung). Und die, denen das Buch gegeben war, wurden uneins erst nachdem das

Wissen zu ihnen gekommen war, aus Neid aufeinander. Und wer die Zeichen Allahs leugnet –, dann, wahrlich, ist Allah schnell im Rechnen.

6 : 125 Darum, wen Allah leiten will, dem weitet Er die Brust für (die Annahme des) Islams; und wen Er in die Irre gehen lassen will, dem macht er die Brust eng (und) bang, als sollte er zu den Himmeln emporklimmen. So verhängt Allah Strafe über die Ungläubigen.

Islam, Fortsetzung früherer Lehren

42 : 13 Er verordnete euch eine Glaubenslehre, die Er Noah anbefahl und die Wir dir offenbart haben und die Wir Abraham und Moses und Jesu auf die Seele banden: Nämlich, bleibet standhaft im Gehorsam, und seid nicht gespalten darin. Hart ist für die Heiden das, wozu du sie aufrufst. Allah erwählt Sich, wen Er will und leitet zu Sich, wer sich (zu Ihm) wendet.

Islam, Vollendung des Islams

5 : 3 Untersagt ist euch das von selbst Verendete sowie Blut und Schweinefleisch; ferner das, worüber ein anderer Name angerufen war als Allahs (beim Schlachten); das Erdrosselte; das zu Tode Geschlagene; das zu Tode Gestürzte oder durch Hörnerstoß Getötete und das von reißenden Tieren Angefressene, außer ihr selbst habt es (bevor es getötet wurde) geschlachtet; und das, was auf einem Altar (als Götzenopfer) geschlachtet worden ist; auch daß ihr euer Geschick durch Lospfeile zu erkun-

den sucht. Das ist Ungehorsam. Die Ungläubigen verzweifeln heute an eurem Glauben. Darum fürchtet sie nicht, fürchtet Mich.

Heute habe Ich eure Glaubenslehre für euch vollendet und Meine Gnade an euch erfüllt und euch den Islam zum Bekenntnis erwählt. Wer aber durch Hunger getrieben wird, ohne sündhafte Absicht – dann, wahrlich, ist Allah allverzeihend, barmherzig.

Islam, Weltanspruch des Islams

21:106 Hierin (im Koran) ist wahrlich eine Botschaft für ein Volk, das (Allah) dient.

21:107 Wir entsandten dich nur als eine Barmherzigkeit für alle Welten.

21:108 Sprich: »Mir war lediglich offenbart, daß euer Gott nur der Einige Gott ist. Wollt ihr euch (Ihm) denn nicht ergeben (Muslim werden)?«

38:86 Ich verlange von euch keinen Lohn dafür, und ich bin keiner von denen, die heucheln.

38:87 Es ist nichts als eine Ermahnung für die Völker.

38:88 Und ihr werdet sicherlich seine Wahrheit erkennen lernen nach einer Weile.

48:28 Er ist es, der Seinen Gesandten geschickt hat mit der Leitung und mit der Religion der Wahrheit, daß Er sie siegreich macht über jede andere Religion. Und Allah genügt als Bezeuger.

81:26 Wohin also wollt ihr gehen?

81:27 Dies ist ja nur eine Ermahnung für alle Welten,

81:28 für die unter euch, die den geraden Weg wandeln wollen.

5:1 O die ihr glaubt! Erfüllt (eure) Verträge.
Erlaubt sind euch die Vierfüßler (von der Gattung)
der Rinder, mit Ausnahme derer, die euch bekannt
gegeben werden; nur daß ihr die Jagd nicht als
erlaubt ansehen dürft, während ihr Pilger seid.
Wahrlich, Allah verordnet, was Er will.

5:2 O die ihr glaubt! Entweihet nicht die Zeichen Allahs, noch den Heiligen Monat, noch die Opfertie-
re, noch (die mit) Halsschmuck, noch auch die
nach dem Heiligen Hause Ziehenden, die da Gnade und Wohlgefallen von ihrem Herrn suchen.
Und wenn ihr das Pilgerkleid abgelegt (und den
heiligen Bezirk im Rücken) habt, dann dürfet ihr
jagen. Es soll euch die Feindseligkeit eines Volkes,
so es euch am Betreten der Heiligen Moschee hinderte, nicht zur Übertretung verführen. Und helfet
einander in Rechtschaffenheit und Frömmigkeit;
doch helfet einander nicht in Sünde und Feindschaft. Und fürchtet Allah; wahrlich, Allah ist
streng im Strafen.

5:95 O die ihr glaubt! Tötet kein Wild, solange ihr Pilger seid. Und wenn einer von euch es vorsätzlich
tötet, so ist die Ersatzleistung dafür ein vierfüßiges
Tier von gleichem (Wert) wie das getötete, entspre-
chend der Entscheidung durch zwei redliche Männer aus eurer Mitte, und das soll dann als Opfer
nach der Kaaba gebracht werden; oder er möge zur
Sühne (eine Anzahl von) Armen speisen, oder eine
entsprechende Anzahl (von Tagen) fasten, damit er
die böse Folge seiner Tat koste. (Was) die Vergangenheit (anlangt), so vergibt Allah das (bereits Ge-
schehene); wer es aber wieder tut, an dem wird
Allah es rächen. Und Allah ist allmächtig, Herr der
Vergeltung.

Jesus, wie Adam

3:59 Wahrlich, Jesus ist vor Allah wie Adam. Er schuf ihn aus Staub (Erde), dann sprach Er zu ihm: »Sei!«, und er war.

Jesus, Dreieinigkeit

4:171 O Volk der Schrift, überschreitet nicht die Grenzen in eurem Glauben und saget von Allah nichts als die Wahrheit. Wahrlich, der Messias, Jesus, der Sohn der Maria, war nur ein Gesandter Gottes und (seine Erfüllung) Seines Wortes, das Er niedersandte zu Maria, und eine Gnade von Ihm. Glaubet also an Allah und an Seine Gesandten, und sprecht nicht: »(Sie sind) drei!« Steht ab davon, (das wird) für euch besser (sein). Wahrlich, Allah ist nur ein Einiger Gott. Fern ist es von Seiner Heiligkeit, daß Er einen Sohn haben sollte. Sein ist, was in den Himmeln und was auf Erden ist; und Allah genügt als Beschützer.

5:73 Ungläubig sind wahrlich, die da sprechen: »Allah ist der Dritte von Dreien«; es gibt keinen Gott als den Einigen Gott. Und wenn sie nicht abstehen von dem, was sie sagen, wahrlich, so wird die unter ihnen, die (weiter) dem Unglauben huldigen, eine schmerzliche Strafe ereilen.

5:74 Wollen sie denn nicht umkehren zu Allah und Seine Verzeihung erbitten? Und Allah ist allverzeihend, barmherzig.

3:45 Wie die Engel sprachen: »O Maria, Allah gibt dir frohe Kunde eines Wortes von Ihm; sein Name soll sein der Messias, Jesus, Sohn Marias, geehrt in dieser und in jener Welt, und derer einer, denen (Gottes) Nähe gewährt wird.

3:46 Und er wird zu den Menschen in der Wiege reden und im Mannesalter, und er wird von den Rechtschaffenen sein.«

3:47 Sie sprach: »Mein Herr, wie soll mir ein Sohn werden, wo mich kein Mann berührt hat?« Er sprach: »Das ist Allahs Art (zu handeln), Er schafft, was Ihm gefällt. Wenn Er ein Ding beschließt, so spricht Er zu ihm: ›Sei!‹, und es ist.

3:48 Und Er wird ihn das Buch lehren und die Weisheit und die Thora und das Evangelium;

3:49 Und (wird ihn entsenden) als einen Gesandten zu den Kindern Israels (daß er spreche): ›Ich komme zu euch mit einem Zeichen von eurem Herrn: Das ist, daß ich für euch formen will (ein Gebilde) aus Ton (Lehm) gleich einem Vogel; dann will ich ihm (einen neuen Geist) einhauchen, und es wird ein beschwingtes Wesen werden nach Allahs Gebot; und ich will die Blinden und die Aussätzigen heilen und die Toten lebendig machen nach Allahs Gebot; und ich will euch verkünden, was ihr esset und was ihr aufspeichern möget in euren Häusern. Wahrlich, darin ist ein Zeichen für euch, wenn ihr gläubig seid.

3:50 Und (ich komme) das zu erfüllen, was vor mir war, nämlich die Thora, und euch einiges zu erlauben von dem, was euch vordem verboten war; und ich komme zu euch mit einem Zeichen von eurem Herrn; so fürchtet Allah und gehorchet mir.

3:51 Wahrlich, Allah ist mein Herr und euer Herr; so betet Ihn an! Dies ist der rechte Weg.«

5:116 Und wenn Allah sprechen wird: »O Jesus, Sohn der Maria, hast du zu den Menschen gesprochen: ›Nehmet mich und meine Mutter als zwei Götter neben Allah‹?«, dann wird er antworten: »Heilig bist Du! Nie konnte ich das sagen, wozu ich kein Recht hatte. Hätte ich es gesagt, Du würdest es sicherlich wissen. Du weißt, was in meiner Seele ist, aber ich weiß nicht, was Du im Sinn trägst. Du allein bist der Wisser der verborgenen Dinge.

5:117 Nichts anderes sprach ich zu ihnen, als was Du mich geheißen hast: ›Betet Allah an, meinen Herrn und euren Herrn.‹ Und ich war ihr Zeuge, solange ich unter ihnen weilte, doch seit Du mich sterben ließest, bist Du der Wächter über sie gewesen; und Du bist aller Dinge Zeuge.

5:118 Wenn Du sie strafst, sie sind Deine Diener, und wenn Du ihnen verzeihst, Du bist wahrlich der Allmächtige, der Weise.«

Jesus, seine »Gottheit«

5:17 Ungläubig sind wahrlich, die da sagen: »Sicherlich ist Allah kein anderer denn der Messias, der Sohn der Maria.« Sprich: »Wer vermag wohl etwas gegen Allah, wollte Er den Messias, den Sohn der Maria, zunichte machen, und seine Mutter und all jenes, was auf Erden ist?« Und Allahs ist das Königreich der Himmel und der Erde und alles dessen, was zwischen ihnen ist. Er erschafft, was Er will, und Allah hat Macht über alle Dinge.

5:72 Fürwahr, ungläubig sind, die da sprechen: »Siehe, Allah ist kein anderer denn der Messias, der Sohn der Maria«, während der Messias doch (selbst) gesagt hat: »O ihr Kinder Israels, betet Allah an, der mein Herr ist und euer Herr.« Wahrlich, wer Allah Götter an die Seite stellt, dem hat Allah den Himmel verwehrt, und das Feuer wird seine Wohnstatt sein. Und die Frevler sollen keine Helfer finden.

5:116 Und wenn Allah sprechen wird: »O Jesus, Sohn
der Maria, hast du zu den Menschen gesprochen:
›Nehmet mich und meine Mutter als zwei Götter
neben Allah‹?«, dann wird er antworten: »Heilig
bist Du. Nie konnte ich das sagen, wozu ich kein
Recht hatte. Hätte ich es gesagt, Du würdest es
sicherlich wissen. Du weißt, was in meiner Seele
ist, aber ich weiß nicht, was Du im Sinn trägst. Du
allein bist der Wisser der verborgenen Dinge.

5:117 Nichts anderes sprach ich zu ihnen, als was Du
mich geheißen hast: ›Betet Allah an, meinen Herrn
und euren Herrn.‹ Und ich war ihr Zeuge, solange
ich unter ihnen weilte, doch seit Du mich sterben
ließest, bist Du der Wächter über sie gewesen; und
Du bist aller Dinge Zeuge.

5:118 Wenn Du sie strafst, sie sind Deine Diener, und
wenn Du ihnen verzeihst, Du bist wahrlich der
Allmächtige, der Weise.«

9:30 Die Juden sagen, Esra sei Allahs Sohn, und die
Christen sagen, der Messias sei Allahs Sohn. Das
ist das Wort ihres Mundes. Sie ahmen die Rede
derer nach, die vor ihnen ungläubig waren. Allahs
Fluch über sie! Wie sind sie irregeleitet!

Jesus, seine Jünger

3:52 Und als Jesus ihren Unglauben wahrnahm, sprach
er: »Wer will mein Helfer sein in Allahs Sache?«
Die Jünger antworteten: »Wir sind Allahs Helfer.
Wir glauben an Allah. Und bezeuge du, daß wir
gehorsam sind.

3:53 Unser Herr, wir glauben an das, was Du herabgesandt hast, und wir folgen diesem Gesandten. So
schreibe uns ein unter die Bezeugenden.«

5:111 Als Ich die Jünger (Jesu) bewog, an Mich und an
Meinen Gesandten zu glauben, da sprachen sie:

79

»Wir glauben, und sei Zeuge, daß wir gottergeben sind.«

5:112 Als die Jünger sprachen: »O Jesus, Sohn der Maria, ist dein Herr imstande, uns einen Tisch mit Speise vom Himmel herabzusenden?«, sprach er: »Fürchtet Allah, wenn ihr Gläubige seid.«

5:113 Sie sprachen: »Wir begehren von ihm zu essen, und unsere Herzen sollen in Frieden sein, und wir wollen wissen, daß du Wahrheit zu uns gesprochen hast, und wollen selbst davon Zeugen sein.«

5:114 Da sprach Jesus, der Sohn der Maria: »O Allah, unser Herr, sende uns einen Tisch vom Himmel herab mit Speise, daß es ein Festtag für uns sei, für den Ersten von uns und für den Letzten von uns, und ein Zeichen von Dir; und gewähre uns Versorgung; Du bist der beste Versorger.«

5:115 Allah sprach: »Siehe, Ich will ihn niedersenden zu euch; wer von euch aber danach ungläubig ist, den werde ich strafen mit einer Strafe, womit ich keinen andern auf der Welt strafen werde.«

Jesus, Kreuzigung

4:157 Und weil sie sagten: »Wir haben den Messias, Jesus, den Sohn der Maria, den Gesandten Allahs, getötet«; während sie ihn doch weder erschlugen noch den Kreuztod erleiden ließen, sondern er sollte ihnen nur erscheinen (einem Gekreuzigten); und jene, die in dieser Sache uneins sind, sind wahrlich im Zweifel darüber; sie haben keine (bestimmte) Kenntnis davon, sondern folgen bloß einer Vermutung; und sie setzen diese (Vermutung) nicht in Gewißheit um.

4:158 Vielmehr hat Allah ihn zu Sich Selbst erhoben, und Allah ist allmächtig, weise.

Jesus, seine Mission

3:48   Und Er wird ihn das Buch lehren und die Weisheit
        und die Thora und das Evangelium;
3:49   Und (wird ihn entsenden) als einen Gesandten zu
        den Kindern Israels (daß er spreche): »Ich komme
        zu euch mit einem Zeichen von eurem Herrn: Das
        ist, daß ich für euch formen will (ein Gebilde) aus
        Ton gleich einem Vogel; dann will ich ihm (einen
        neuen Geist) einhauchen, und es wird ein be-
        schwingtes Wesen werden nach Allahs Gebot; und
        ich will die Blinden und die Aussätzigen heilen
        und die Toten lebendig machen nach Allahs Ge-
        bot; und ich will euch verkünden, was ihr essen
        und was ihr aufspeichern möget in euren Häusern.
        Wahrlich, darin ist ein Zeichen für euch, wenn ihr
        gläubig seid.«

Jesus war ein Prophet

5:75   Der Messias, der Sohn der Maria, war nur ein Ge-
        sandter; gewiß, andere Gesandte (seiner Art) sind
        ihm vorausgegangen. Und seine Mutter war ein
        wahrhaftiges Weib. Beide pflegten sie Speise zu
        sich zu nehmen. Sieh, wie Wir die Zeichen zu ih-
        rem Besten erklären, und sieh, wie sie sich
        abwenden.

19:30 Er sprach: »Ich bin ein Diener Allahs, Er hat mir
        das Buch gegeben und mich zu einem Propheten
        gemacht;
19:31 Er machte mich gesegnet, wo ich auch sein mag,
        und Er befahl mir Gebet und Almosen, solange ich
        lebe;
19:32 Und (Er machte mich) ehrerbietig gegen meine
        Mutter; Er machte keinen elenden Hochmütigen
        aus mir.

19:33 Friede war über mir am Tage, da ich geboren war, und (Friede wird über mir sein) am Tage, da ich sterben werde, und am Tage, da ich (wieder) zum Leben erweckt werde.«

Jesu Tod

3:55 Wie Allah sprach: »O Jesus, Ich will dich (eines natürlichen Todes) sterben lassen und will dich zu Mir Selbst erhöhen und dich reinigen (von den Anwürfen) derer, die ungläubig sind, und will diese, die dir nachfolgen, über jene setzen, die im Unglauben verharren, bis zum Tage der Auferstehung; dann ist zu Mir eure Wiederkehr, und Ich will richten zwischen euch über das, worin ihr uneins seid.«

Jesus, Wunder

3:49 Und (wird ihn entsenden) als einen Gesandten zu den Kindern Israels (daß er spreche): »Ich komme zu euch mit einem Zeichen von eurem Herrn: Das ist, daß ich für euch formen will (ein Gebilde) aus Ton gleich einem Vogel; dann will ich ihm (einen neuen Geist) einhauchen, und es wird ein beschwingtes Wesen werden nach Allahs Gebot; und ich will die Blinden und die Aussätzigen heilen und die Toten lebendig machen nach Allahs Gebot; und ich will euch verkünden, was ihr essen und was ihr aufspeichern möget in euren Häusern. Wahrlich, darin ist ein Zeichen für euch, wenn ihr gläubig seid.«

5:110 Wenn Allah sprechen wird: »O Jesus, Sohn der Maria, gedenke Meiner Gnade gegen dich und deine Mutter; wie Ich dich stärkte mit dem Geiste der

Heiligkeit, (so daß) du in der Wiege zu den Menschen redetest und im Mannesalter; und wie Ich dich die Schrift und die Weisheit lehrte und die Thora und das Evangelium; und wie du (ein Gebilde) bildetest aus Ton in Gestalt eines Vogels, auf meinen Befehl dann hauchtest du ihm (einen neuen Geist) ein und es wurde ein beschwingtes Wesen nach Meinem Gebot; und wie du die Nachtblinden heiltest und die Aussätzigen auf Mein Gebot; und wie du die Toten erwecktest auf Meinen Befehl; und wie Ich die Kinder Israels von dir abhielt, als du mit deutlichen Zeichen zu ihnen kamest, die Ungläubigen unter ihnen aber sprachen: ›Das ist nichts als offenkundige Täuschung.‹«

Jesus, Zuflucht

23:50 Und Wir machten den Sohn der Maria und seine Mutter zu einem Zeichen und gaben ihnen Zuflucht auf einem Hügel mit einer grünen Talmulde und dem fließenden Wasser von Quellen.

Juden

2:83 Und (gedenket der Zeit), da Wir einen Bund schlossen mit den Kindern Israels: »Ihr sollt nichts anbeten denn Allah und Güte (erweisen) den Eltern und Verwandten und den Waisen und den Armen und gütig reden zu den Menschen und das Gebet verrichten und die Zakat zahlen.« Ihr aber kehrtet euch späterhin ab in Widerwillen, bis auf einige wenige von euch.

2:84 Und (gedenket der Zeit) da Wir einen Bund schlossen mit euch: »Ihr sollt nicht (gegenseitig) euer Blut vergießen und euch nicht (gegenseitig) aus euren Wohnungen vertreiben.« Damals bekräftigtet ihr (es), und ihr habt es selber bezeugt.

2:85 Dennoch tötet nun gerade ihr euch (gegenseitig), vertreibt einen Teil von euch aus ihren Wohnungen, indem ihr in Sünde und Übertretung (der göttlichen Gebote) gegen sie zusammensteht. Und wenn sie (Angehörige eurer Gemeinschaft) als Gefangene zu euch kommen, kauft ihr sie los, wo doch ihre Austreibung selbst für euch ungesetzlich war. Glaubt ihr denn nur einen Teil des Buches und zweifelt am andern? Es gibt darum keinen Lohn für jene unter euch, die so tun, denn Schande in diesem Leben; und am Tage des Gerichts sollen sie der schwersten Strafe überantwortet werden. Allah ist nicht achtlos eures Tuns.

2:86 Diese sind es, die das jetzige Leben um den Preis des Jenseits erkauft haben. Ihre Strafe soll darum nicht gemildert noch soll ihnen (sonst) Beistand gewährt werden.

2:87 Wir gaben (seinerseits) Moses fürwahr das Buch und ließen ihm Gesandte nachfolgen; und Jesus, dem Sohn der Maria, gaben Wir klare Beweise und stärkten ihn mit dem heiligen Geist. Wollt ihr (Juden) denn jedesmal, wenn ein Bote zu euch kommt, mit dem, was ihr selbst nicht wünschet, hochmütig sein und einige als Lügner behandeln und andere erschlagen?

2:88 Sie (die Juden) sprechen: »Unsere Herzen sind unbeschnitten.« Nein, Allah hat sie verflucht um ihres Unglaubens willen, und so glaubten nur wenige.

2:89 Und als ihnen ein Buch (Koran) von Allah zukam, Bestätigung dessen, was sie haben – und sie hatten zuvor um Sieg gefleht über die Ungläubigen –, dennoch, als ihnen zukam, was sie doch kannten, glaubten sie nicht daran. Darum Allahs Fluch auf die Ungläubigen!

2:90 Übel ist das, wofür sie ihre Seelen verkauft haben; daß sie verwerfen sollten, was Allah offenbart hat, aus Neid, daß Allah seiner Huld herabsendet auf welchen immer seiner Diener, der Ihm gefällt. So luden sie (auf sich) Zorn über Zorn; und eine demütigende Strafe wartet auf den Ungläubigen.

2:91 Und wenn ihnen gesagt wird: »Glaubet an das, was Allah niedersandte«, so sprechen sie: »Wir glauben an das, was auf uns (früher) niedergesandt war«; sie glauben aber nicht an das hernach (Koran), obwohl es die Wahrheit ist und das bestätigt, was sie haben. Sprich: »Warum erschlugt ihr denn die Propheten Allahs zuvor, wenn ihr Gläubige wart?«

2:92 Und Moses kam zu euch mit offenbaren Zeichen, ihr aber nahmt das Kalb (zur Anbetung) in seiner Abwesenheit, und ihr waret Frevler.

2:93 Und (gedenket der Zeit) da Wir einen Bund schlossen mit euch und hoch über euch den Berg erhoben (und sprachen): »Haltet fest an dem, was Wir euch gegeben, und hört«; sie aber sprachen: »Wir hören und wir gehorchen nicht«; und ihre Herzen waren erfüllt vom Kalb, um ihres Unglaubens willen. Sprich: »Schlimm ist das, was euch euer Glaube auferlegt, wenn ihr überhaupt Glauben habt!«

2:94 Sprich: »Wenn die Wohnstatt des Jenseits, bei Allah, nur für euch (Juden) ist, unter Ausschluß der anderen Menschen, dann ruft den Tod herbei, wenn ihr wahrhaft seid.«

2:95 Nie aber werden sie (die Juden) ihn herbeirufen, um dessentwillen, was ihre Hände vorausgeschickt haben; und Allah kennt die Frevler wohl.

2:96 Und unter allen Menschen wirst du sie gewiß am gierigsten nach Leben finden, mehr noch als jene, die Gott Bilder an die Seite setzen. Jeder einzelne von ihnen wünscht, es möchten ihm tausend Jahre Leben gewährt werden, allein selbst die Gewährung (solchen) Lebens hielte die Strafe nicht von ihm fern; und Allah sieht alles, was sie tun.

2:100 Hat denn nicht jedesmal, wenn sie (die Juden) eine Verpflichtung eingingen, ein Teil von ihnen sie verleugnet? Nein! Die meisten von ihnen glauben nicht.

2:111 Und sie sprechen: »Keiner soll je in den Himmel eingehen, sei er ein Jude oder ein Christ.« Solches sind ihre eitlen Wünsche. Sprich: »Bringt her euren Beweis, wenn ihr wahrhaftig seid.«

2:113 Und die Juden sagen: »Die Christen fußen auf nichts«; und die Christen sagen: »Die Juden fußen auf nichts«, obwohl sie doch (beide) die Schrift lesen. So, gleich ihrer Rede, sprachen schon die, die keine Kenntnis hatten. Allah aber wird richten unter ihnen am Tage der Auferstehung über das, worin sie uneinig sind.

2:120 Und weder die Juden werden mit dir zufrieden sein noch die Christen, es sei denn, du folgst ihrem Glauben. Sprich: »Wahrlich, Allahs Führung allein ist die Führung.« Und wenn du nach der Kenntnis, die dir zuteil geworden (ist), ihren bösen Gelüsten folgst, so wirst du bei Allah weder Freund noch Helfer finden.«

2:135 Und sie sprechen: »Werdet Juden oder Christen, auf daß ihr recht geleitet seiet.« Sprich: »Nein, (folget) dem Glauben Abrahams, der stets (den Einigen Gott) bekannte; er war nicht von denen, die Götter aufrichten neben Gott.«

3:48 Und Er wird ihn (Jesus) das Buch lehren und die Weisheit und die Thora und das Evangelium;

3:49 Und (wird ihn entsenden) als einen Gesandten zu den Kindern Israels (daß er spreche): »Ich komme zu euch mit einem Zeichen von eurem Herrn: Das ist, daß ich für euch formen will (ein Gebilde) aus Ton gleich einem Vogel; dann will ich ihm (einen neuen Geist) einhauchen, und es wird ein beschwingtes Wesen werden nach Allahs Gebot; und ich will die Blinden und die Aussätzigen heilen und die Toten lebendig machen nach Allahs Gebot; und ich will euch verkünden, was ihr essen und was ihr aufspeichern möget in euren Häusern. Wahrlich, darin ist ein Zeichen für euch, wenn ihr gläubig seid.

3:50 Und (ich komme) das zu erfüllen, was vor mir war, nämlich die Thora, und euch einiges zu erlauben von dem, was euch vordem verboten war; und ich komme zu euch mit einem Zeichen von eurem Herrn; so fürchtet Allah und gehorchet mir.

3:51 Wahrlich, Allah ist mein Herr und euer Herr; so betet Ihn an: dies ist der rechte Weg.«

3:77 Jene jedoch, die einen armseligen Preis in Tausch nehmen für ihren Bund mit Allah und ihre Eidsprüche, sie sollen keinen Anteil haben am zukünftigen Leben, und Allah wird weder zu ihnen sprechen noch auf sie blicken am Tage der Auferstehung, noch wird Er sie reinigen; und ihrer harrt schmerzliche Strafe.

4:156 Und weil sie ungläubig waren und wider Maria eine schwere Verleumdung aussprachen;

4:157 Und weil sie sagten: »Wir haben den Messias, Jesum, den Sohn der Maria, den Gesandten Allahs, getötet«; während sie ihn doch weder erschlugen noch den Kreuztod erleiden ließen, sondern er sollte ihnen nur erscheinen gleich (einem Gekreuzigten); und jene, die in dieser Sache uneins sind, sind wahrlich im Zweifel darüber; sie haben keine (bestimmte) Kenntnis davon, sondern folgen bloß einer Vermutung; und sie setzen diese (Vermutung) nicht in Gewißheit um.

4:158 Vielmehr hat Allah ihn zu Sich Selbst erhoben, und Allah ist allmächtig, weise.

4:159 Es ist keiner unter dem Volk der Schrift, der nicht vor seinem Tod daran glauben wird; und am Tage der Auferstehung wird er (Jesus) ein Zeuge wider sie sein.

4:160 Deshalb, wegen der Sünde der Juden, haben Wir ihnen reine Dinge untersagt, die ihnen vordem erlaubt waren, wie auch, weil sie viele abtrünnig machten von Allahs Weg,

4:161 und (weil sie) Zins nahmen, obgleich es ihnen verboten war, und weil sie das Vermögen der Leute in betrügerischer Weise aufzehrten. Wir haben den Ungläubigen unter ihnen schmerzliche Strafe (im Jenseits) bereitet.

5:13 Darum nun, weil sie ihren Bund brachen, haben Wir sie verflucht und haben ihre Herzen verhärtet. Sie verkehren die Worte aus ihren richtigen Stellen und sie haben einen (guten) Teil von dem vergessen, womit sie ermahnt wurden. Und du wirst nicht aufhören, auf ihrer Seite Verrat zu entdecken, außer bei einigen wenigen von ihnen. So vergib ihnen und sei nachsichtig. Wahrlich, Allah liebt jene, die Gutes tun.

5:15 O Volk der Schrift, nunmehr ist Unser Gesandter zu euch gekommen, der euch vieles enthüllt, was ihr von der Schrift verborgen hieltet, und vieles übergeht. Gekommen ist zu euch fürwahr ein Licht von Allah und ein klares Buch.

5:18 Die Juden und die Christen sagen: »Wir sind Söhne Allahs und seine Lieblinge.« Sprich: »Warum straft Er euch dann für eure Sünden? Nein, ihr seid (bloß) Menschenkinder unter all denen, die Er schuf.« Er vergibt, wem Er will, und Er straft, wen Er will. Allahs ist das Königreich der Himmel und der Erde und alles dessen, was zwischen ihnen ist, und zu Ihm soll die Heimkehr sein.

5:19 O Volk der Schrift, gekommen ist nunmehr zu euch Unser Gesandter, nach einer Unterbrechung in der Reihe der Gesandten, der euch (die Dinge) klarmacht, damit ihr nicht saget: »Kein Bringer froher Botschaft und kein Warner ist zu uns gekommen.« So ist nun zu euch gekommen in Wahrheit ein Bringer froher Botschaft und ein Warner. Und Allah hat die Macht, alles zu tun.

5:32 Aus diesem Grunde haben Wir den Kindern Israels verordnet, daß wenn jemand einen Menschen tötet – es sei denn für (Mord) an einem andern oder für Gewalttat im Land – so soll es sein, als hätte er die ganze Menschheit getötet; und wenn jemand einem Menschen das Leben erhält, so soll es sein, als hätte er der ganzen Menschheit das Leben erhalten. Und Unsere Gesandten kamen zu ihnen mit deutlichen Zeichen; dennoch, selbst nach diesem, begehen viele von ihnen Ausschreitungen im Land.

5:64 Und die Juden sagen: »Die Hand Allahs ist gefesselt.« Ihre (eignen) Hände sollen gefesselt sein und sie sollen verflucht sein um dessentwillen, was sie da sprechen. Nein, Seine beiden Hände sind weit offen; Er spendet, wie Er will. Und was auf dich herabgesandt war von deinem Herrn, wird gewiß viele von ihnen zunehmen lassen an Aufruhr und Unglauben. Und Wir haben unter sie Feindschaft geworfen und Haß bis zum Tage der Auferstehung. Sooft sie ein Feuer für den Krieg anzünden, löscht Allah es aus, und sie trachten nur, Unordnung auf Erden zu stiften; und Allah liebt die Stifter von Unordnung nicht.

5:65 Wenn das Volk der Schrift geglaubt hätte und gottesfürchtig gewesen wäre, Wir hätten gewißlich ihre Übel von ihnen hinweggenommen und Wir hätten sie gewiß in die Gärten der Wonne geführt.

5:66 Und hätten sie die Thora befolgt und das Evangelium und was (nun) zu ihnen hinabgesandt war von ihrem Herrn, sie würden sicherlich (von den guten Dingen) über ihnen und unter ihren Füßen essen. Es sind unter ihnen Leute, die Mäßigung einhalten; doch gar viele von ihnen – wahrlich, übel ist, was sie tun.

5:67 O du Gesandter! Verkündige, was dir offenbart war von deinem Herrn; und wenn du es nicht tust, so hast du Seine Botschaft nicht verkündigt. Allah wird dich vor den Menschen schützen. Wahrlich, Allah leitet nicht das Volk der Ungläubigen.

5:68 Sprich: »O Volk der Schrift, ihr fußet auf nichts, ehe ihr nicht erfüllt die Thora und das Evangelium und das, was zu euch herabgesandt war von eurem Herrn.« Aber gewiß, was von deinem Herrn zu dir herabgesandt war, wird gar viele von ihnen zunehmen lassen an Aufruhr und Unglauben; so betrübe dich nicht über das ungläubige Volk.

5:69 Wahrlich, jene, die geglaubt haben, und die Juden, und die Sabäer, und die Christen – wer da an Allah glaubt und an den Jüngsten Tag und gute Werke tut –, keine Furcht soll über sie kommen, noch sollen sie trauern.

5:72 Fürwahr, ungläubig sind, die da sprechen: »Siehe, Allah ist kein anderer denn der Messias, Sohn der Maria«, während der Messias doch (selbst) gesagt hat: »O ihr Kinder Israels, betet Allah an. Der mein Herr ist und euer Herr.« Wahrlich, wer Allah Götter an die Seite stellt, dem hat Allah den Himmel verwehrt, und das Feuer wird seine Wohnstatt sein. Und die Frevler sollen keine Helfer finden.

5:78 Die unter den Kindern Israels, die im Unglauben verharrten, sie wurden verflucht durch die Zunge Davids und durch die Jesus', des Sohnes der Maria. Das war, weil sie ungehorsam waren und zu freveln pflegten.

5:79 Sie hinderten einander nicht an den Missetaten, die sie begingen. Übel fürwahr war das, was sie zu tun pflegten.

5:82 Du wirst sicherlich finden, daß unter allen Menschen die Juden und die, welche Gott Bilder zur Seite stellen, die erbittertsten Gegner der Gläubigen sind. Und du wirst zweifellos finden, daß die, welche sprechen: »Wir sind Christen«, den Gläubigen am freundlichsten gegenüberstehen. Das verhält sich so, weil unter ihnen Gottesgelehrte und Mönche sind und weil sie nicht hochmütig sind.

6:146 Und denen, die Juden sind, haben Wir alles Getier untersagt, das Klauen hat; und vom Rindvieh und den Schafen und Ziegen haben Wir ihnen das Fett verboten, ausgenommen das, was an ihren Rücken sitzt oder in den Eingeweiden oder am Knochen haftet. Das ist der Lohn, den Wir ihnen für ihre

Abtrünnigkeit gaben. Und siehe, Wir sind wahrhaft.

9:30 Die Juden sagen, Esra sei Allahs Sohn, und die Christen sagen, der Messias sei Allahs Sohn. Das ist das Wort ihres Mundes. Sie ahmen die Rede derer nach, die vor ihnen ungläubig waren. Allahs Fluch über sie. Wie sind sie irregeleitet!

9:31 Sie haben sich ihre Schriftgelehrten und Mönche zu Herren genommen neben Allah und den Messias, den Sohn der Maria. Und doch war ihnen geboten, allein den Einigen Gott anzubeten. Es ist kein Gott außer Ihm. Allzu heilig ist Er für das, was sie (Ihm) an die Seite stellen!

Kaaba

2:125 Und (gedenket der Zeit), da Wir das Haus zu einem Versammlungsort für die Menschheit machten und zu einer Zuflucht; und nehmet die Stätte Abrahams als Bethaus an. Und Wir geboten Abraham und Ismael: »Reinigt Mein Haus für die, die (es) umwandeln, und für die, die in Andacht (darin) verweilen, und die, die sich beugen und niederfallen (im Gebet).«

2:126 Und (denket daran), als Abraham sprach: »Mein Herr, mache dies zu einer Stadt des Friedens und versorge mit Früchten die unter ihren Bewohnern, die an Allah und den Jüngsten Tag glauben«, da sprach Er: »Und auch dem, der nicht glaubt, will Ich Wohltaten erweisen auf eine kleine Frist; dann will Ich ihn in die Pein des Feuers treiben, und das ist eine üble Bestimmung.«

2:127 Und (gedenket der Zeit), da Abraham und Ismael die Grundmauern des Hauses errichteten (indem sie beteten): »Unser Herr, nimm (dies) an von uns; denn Du bist der Allhörende, der Allwissende.

2:128 Unser Herr, mache uns beide Dir ergeben und (mache) aus unserer Nachkommenschaft ein Volk, das Dir ergeben sei. Und weise uns unsere Wege der Verehrung, und kehre Dich gnädig zu uns; denn Du bist der oft gnädig Sich Wendende, der Barmherzige.

2:129 Unser Herr, erwecke unter ihnen einen Gesandten aus ihrer Mitte, der ihnen Deine Zeichen verkünde und sie das Buch und die Weisheit lehre und sie reinige; gewiß, Du bist der Mächtige, der Weise.«

2:144 Wahrlich, Wir sehen dich oft dein Antlitz gegen Himmel wenden; sicherlich werden Wir dann dich nach der Kibla kehren lassen, die dir gefällt. So wende dein Gesicht gegen die Heilige Moschee; und wo immer ihr seid, wendet euer Anlitz gegen sie. Und die, denen das Buch gegeben war, sie wissen, daß dies die Wahrheit von ihrem Herrn ist; und Allah ist nicht achtlos ihres Tuns.

3:96 Wahrlich, das erste Haus, das für die Menschheit gegründet wurde, ist das zu Bekka (das Tal von Mekka) – überreich an Segen und zur Richtschnur für alle Völker.

3:97 In ihm sind deutliche Zeichen; es ist die Stätte Abrahams; und wer sie betritt, hat Frieden. Und Wallfahrt zu diesem Haus – wer nur immer einen Weg dahin finden kann – ist eine Pflicht, die die Menschen Allah schulden. Wer aber im Unglauben verharrt (möge bedenken), daß Allah sicherlich von allen Geschöpfen unabhängig ist.

5:97 Allah machte die Kaaba, das unverletzliche Haus, als eine Stütze und Erhebung für die Menschheit, und ebenso den Heiligen Monat und die Opfer und (die Tiere mit) Halsschmuck. Das ist so, damit ihr wissen möget, daß Allah weiß, was in den Himmeln und was auf Erden ist, und daß Allah alle Dinge weiß.

2:189 Sie befragen dich nach den Neumonden. Sprich: »Sie sind ein Mittel zum Messen der Zeit für (das allgemeine Wohl der) Menschheit und für die Pilgerfahrt.«
Und das ist nicht Rechtschaffenheit, daß ihr die Häuser von hinten betretet; gerecht ist allein, wer Gott fürchtet. Und ihr sollt die Häuser betreten durch ihre Türen; fürchtet Allah, auf daß es euch wohl ergehen möge.

9:36 Siehe, das Zählen der Monate bei Allah hat zwölf Monate ergeben nach Allahs Anordnung seit dem Tage, wo Er die Himmel und die Erde erschuf. Von diesen sind vier heilig.
Das ist der rechte Glauben. Darum versündigt euch nicht in ihnen. Und bekämpfet die Götzendiener insgesamt, wie sie euch bekämpfen insgesamt; und wisset, daß Allah mit den Gottesfürchtigen ist.

9:37 Wahrlich, das Verschieben (eines Heiligen Monats) ist eine Mehrung des Unglaubens. Die Ungläubigen sind hierin im Irrtum. Sie erlauben es im einen Jahr, und verbieten es in einem andern Jahr, damit sie in der Anzahl (der Monate), die Allah heilig gemacht hat, übereinstimmen und so gerade das erlauben, was Allah verboten hat. Das Böse ihrer Taten erscheint ihnen wohlgefällig. Doch Allah leitet nicht das ungläubige Volk.

Kibla, Gebetsrichtung zur Kaaba nach Mekka

2:142 Die Toren unter dem Volk werden sprechen: »Was hat sie abwendig gemacht von ihren Kibla, die sie befolgten?« Sprich: »Allah ist der Osten und der

Westen. Er leitet, wen Er will, auf den rechten Pfad.«

2:143 Und so machten Wir euch zu einem erhobenen Volke, daß ihr Wächter sein möchtet über die Menschen; und der Gesandte möge ein Wächter sein über euch. Und setzten die Kibla, die du befolgt hast, nur ein, damit Wir den, der dem Gesandten folgt, unterscheiden möchten von dem, der sich auf seinen Fersen umdreht (den Glauben verleugnet). Und das ist freilich schwer, außer für jene, die Allah geleitet hat. Und das ist nicht Allahs Art, daß Er euren Glauben fruchtlos sein ließe. Wahrlich, Allah ist barmherzig (und) gnädig gegen die Menschen.

2:144 Wahrlich, Wir sehen dich oft dein Antlitz gegen Himmel wenden; sicherlich werden Wir dann dich nach der Kibla kehren lassen, die dir gefällt. So wende dein Gesicht gegen die Heilige Moschee: und wo immer ihr seid, wendet euer Antlitz gegen sie. Und die, denen das Buch gegeben war, sie wissen, daß dies die Wahrheit von ihrem Herrn ist; und Allah ist nicht achtlos ihres Tuns.

2:145 Und brächtest du denen, welchen die Schrift gegeben war, auch jegliches Zeichen, sie würden nie deiner Kibla folgen; und auch du würdest nicht ihrer Kibla folgen, noch würde ein Teil von ihnen der Kibla anderer folgen. Folgtest du aber nach allem, was dir an Kenntnis zuteil war, doch ihren Wünschen, dann wärest du wahrlich unter den Ungerechten.

2:150 Und woher du immer kommst, kehre dein Gesicht gegen die Heilige Moschee; und wo immer ihr seid, kehret euer Antlitz gegen sie, damit die Menschen keinen Einwand haben gegen euch, ausgenommen die Ungerechten unter ihnen – doch fürchtet nicht sie, fürchtet Mich –, damit Ich Meine Gnade gegen euch vollenden kann und auf daß ihr recht geleitet sein möget.

3:14 Verschönt ist den Menschen die Liebe zu dem, was sie begehren – Frauen und Kinder und aufgespeicherte Haufen von Gold und Silber und wohlgezüchtete Pferde und Viehherden und Ackersaat. Das ist die Versorgung für dieses Leben; doch Allah ist es, bei dem die schönste Heimstatt ist.

18:46 Besitz und Kinder sind ein Schmuck dieser Welt. Die bleibenden guten Werke aber sind besser vor dem Angesicht deines Herrn hinsichtlich des (unmittelbaren) Lohnes und besser hinsichtlich der (künftigen) Hoffnung.

24:58 O die ihr glaubt, es sollen die, welche eure Rechte besitzt (eure Sklaven), und die unter euch, die noch nicht die Reife erlangt haben, euch um Erlaubnis bitten (vor euer Angesicht zu treten) zu dreien Zeiten: vor dem Morgengebet und wenn ihr eure Kleider ablegt wegen der Mittagshitze und nach dem Abendgebet. (Das sind) die drei Zeiten der Zurückgezogenheit für euch. Zu andern Zeiten ist es keine Sünde für euch oder für sie; denn sie müssen sich ja um euch her zu schaffen machen, indem einige von euch den anderen (aufwarten). So macht euch Allah die Gebote klar, denn Allah ist allwissend, weise.

24:59 Wenn die Kinder unter euch die Reife erlangen, dann sollen sie (auch) um Erlaubnis bitten, gerade so wie die vor ihnen um Erlaubnis baten. So macht euch Allah Seine Gebote klar, denn Allah ist allwissend, weise.

42:49 Allahs ist das Königreich der Himmel und der Erde. Er schafft, was Ihm beliebt. Er beschert Mädchen, wem Er will, und Er beschert Knaben, wem Er will.

42:50 Oder Er gibt beides, Knaben und Mädchen; und Er macht unfruchtbar, wen Er will. Wahrlich, Er ist allwissend, allmächtig.

3:3   Er hat herabgesandt zu dir das Buch mit der Wahrheit, Erfüllung dessen, was ihm vorausging; und vordem sandte Er herab die Thora und das Evangelium als eine Richtschnur für die Menschen; und Er hat herabgesandt die Unterscheidung.

4:174   O ihr Menschen, gekommen ist zu euch in Wahrheit ein deutlicher Beweis von eurem Herrn, und Wir sandten hinab zu euch ein klares Licht.

5:15   O Volk der Schrift, nunmehr ist unser Gesandter zu euch gekommen, der euch vieles enthüllt, was ihr von der Schrift verborgen hieltet, und vieles übergeht. Gekommen ist euch fürwahr ein Licht von Allah und ein klares Buch.

10:37   Und dieser Koran ist nicht so beschaffen, daß ihn irgendwer außer Allah hätte ersinnen können. Vielmehr ist er eine Bestätigung dessen, was ihm vorausging, und eine Darlegung der Schrift (die göttliche Urschrift). Darüber ist kein Zweifel. (Er ist) vom Herrn der Welten.

15:9   Wahrlich, Wir, Wir Selbst haben diese Mahnung herabgesandt, und sicherlich werden Wir ihr Hüter sein.

56:77   (Ich schwöre:) Es ist ein vortrefflicher Koran,
56:78   (im Original droben im Himmel?) in einer wohlverwahrten Schrift,
56:79   die nur von Gereinigten berührt wird,
56:80   (nunmehr als Offenbarung) vom Herrn der Menschen in aller Welt herabgesandt.

Koran, wurde in Abschnitten offenbart

17:106 Und den Koran haben Wir in Abschnitten offenbart, damit du ihn den Menschen stückweise vortragen mögest, und Wir sandten ihn nach und nach hinab.

Koran, wurde in arabischer Sprache offenbart

20:113 So haben Wir ihn niedergesandt als einen arabischen Koran, und Wir haben darin gewisse Warnungen klargemacht, auf daß sie Allah fürchten mögen oder daß er ihnen eine Ermahnung sei.

20:114 Hochgerühmt sei denn Allah, der wahre König! Und sei du nicht ungeduldig wegen des Korans, ehe seine Offenbarung dir vollständig zuteil geworden, sondern sprich: »O mein Herr, mehre mich an Wissen.«

26:192 Siehe, dies ist eine Offenbarung vom Herrn der Welten.

26:193 Der Geist, der die Treue hütet (Engel Gabriel), ist mit ihm (dem Koran) hinabgestiegen.

26:194 Auf dein Herz, daß du einer der Warner seiest,

26:195 in deutlicher arabischer Sprache.

26:196 Und ganz gewiß ist er in den Schriften der Früheren (Völker erwähnt).

Koran, ein vollkommenes Buch

2:2 Dies ist das (vollkommene) Buch; es ist kein Zweifel darin; (es ist) eine Richtschnur für die Gottesfürchtigen.

2:3   Die da glauben an das Ungesehene und das Gebet verrichten und spenden von dem was Wir ihnen bereitet haben,

2:4   und die glauben an das, was dir offenbart worden, und an das, was vor dir offenbart ward, und fest aufs Jenseits vertrauen.

Koran, Rezitation des Korans

7:204   Und wenn der Koran vorgetragen wird, so leihet ihm das Ohr und schweigt, auf daß ihr Erbarmen findet.

16:98   Und wenn du den Koran liest, so suche Zuflucht bei Allah vor Satan, dem Verworfenen.

17:78   Verrichte das Gebet beim Verbleichen und Niedergehen der Sonne bis zum Dunkel der Nacht; und (sprich) den Koran (im Gebet) bei Tagesanbruch. Wahrlich, die Lesung des Korans bei Tagesanbruch ist besonders angezeigt.

17:79   Und wache auf dazu im (späteren Teil) der Nacht, als ein Werk deiner freiwilligen Zugabe. Mag sein, daß dich dein Herr zu einem löblichen Rang erhebt.

29:45   Verlies, was dir von dem Buche offenbart ward, und verrichte das Gebet. Wahrlich, das Gebet hält ab von aller Art Schändlichkeit und Unrecht. Gedenken an Allah ist gewiß die höchste (Tugend). Und Allah weiß, was ihr tut.

Koran, für alle Welten

68:52 Doch, er (der Koran) ist nichts anderes als eine Mahnung für alle Welten.

Koran, ohne Widersprüche

4:82 Wollen sie denn nicht über den Koran nachsinnen? Wäre er von einem andern als Allah, sie würden gewiß viele Widersprüche darin finden.

Leben

3:14 Verschönt ist den Menschen die Liebe zu dem, was sie begehren – Frauen und Kinder und aufgespeicherte Haufen von Gold und Silber und wohlgezüchtete Pferde und Viehherden und Ackersaat. Das ist die Versorgung für dieses Leben; doch Allah ist es, bei Dem die schönste Heimstatt ist.

6:32 Das Leben in dieser Welt ist nur ein Spiel und ein Zeitvertreib. Und besser ist wahrlich die Wohnung im Jenseits für jene, die rechtschaffen sind. Wollt ihr es denn nicht begreifen?

7:24 Er sprach (Allah an Adam und Eva): »Geht aus von hier, da einer des anderen Feind ist. Und es sei euch auf der Erde eine Stätte und eine Versorgung auf Zeit.«

7:25 Er sprach: »Dort sollt ihr leben, und dort sollt ihr sterben, und von dort sollt ihr hervorgebracht werden.«

7:32 Sprich: »Wer hat den Schmuck Allahs verboten, den Er für Seine Diener erschaffen, und die guten Dinge von (Seiner) Versorgung?« Sprich: »Sie sind für die Gläubigen in diesem Leben (und) ausschließlich (für sie) am Tage der Auferstehung.« So machen Wir die Zeichen klar für Leute, die Kenntnis besitzen.

9:55 Wundere dich weder über ihr Gut noch über ihre Kinder. Allah will sie damit nur strafen in diesem Leben, und damit ihre Seelen sollen zugrunde gehen, während sie Ungläubige sind.

10:7 Die aber, die nicht hoffen, Uns zu begegnen, und zufrieden sind mit dem Leben in dieser Welt und sich dabei beruhigen, und die Unserer Zeichen achtlos sind –

10:8 sie sind es, deren Wohnstatt das Feuer ist, um dessentwillen, was sie sich erwarben.

10:23 Doch wenn Er sie dann errettet hat, siehe, schon beginnen sie, wieder Gewalt auf Erden zu verüben ohne Recht. O ihr Menschen, eure Gewalttat richtet sich nur gegen euer eigenes Selbst. (Genießet) die Gaben des Lebens hienieden. Zu Uns soll dann eure Heimkehr sein; und Wir werden euch ankünden, was ihr gewirkt.

10:24 Das Gleichnis des irdischen Lebens ist nur wie das Wasser, das Wir herabsenden aus den Wolken; dann vermischen sich damit die Gewächse der Erde, davon Mensch und Vieh sich nähren, bis daß – wenn die Erde ihren Schmuck empfängt und schön geputzt erscheint und ihre Bewohner glauben, sie hätten Macht über sie – zu ihr kommt Unser Befehl in der Nacht oder am Tag und Wir sie zu einem niedergemähten Acker machen, als habe nichts darauf gestanden am Tag zuvor. So machen Wir die Zeichen klar für ein Volk, das nachzudenken vermag.

10:63 Sie, die da glaubten und an der Gerechtigkeit festhielten.

10:64 Für sie ist frohe Botschaft in diesem Leben sowie im Jenseits. Unabänderlich sind Allahs Worte – das ist fürwahr die höchste Glückseligkeit.

11:15 Wer das irdische Leben begehrt und seine Pracht – Wir wollen sie voll belohnen für ihre Werke in diesem (Leben), und sie sollen darin kein Unrecht leiden.

11:16 Diese sind es, die im Jenseits nichts erhalten sollen als das Feuer, und das, was sie hienieden gewirkt, wird nichtig sein, und eitel all das, was sie zu tun pflegten.

35:5 O ihr Menschen, seht, die Verheißung Allahs ist wahr, darum laßt das Leben hienieden euch nicht betrügen, und laßt den Betrüger euch nicht betrügen über Allah.

40:39 O mein Volk, dieses irdische Leben ist nur ein vergänglicher Genuß; und das Jenseits ist sicherlich die dauernde Heimstatt.

57:20 Wisset, daß das Leben in dieser Welt nur ein Spiel und ein Scherz ist und ein Schmuck ist und Gegenstand des Rühmens unter euch, und ein Wettrennen um Mehrung an Gut und Kindern. Es gleicht dem Regen (der Pflanzen hervorbringt), deren Wachstum den Bebauer erfreut. Dann verdorren sie, und du siehst sie vergilben; dann zerbröckeln sie in Staub. Und im Jenseits ist strenge Strafe und Vergebung und Wohlgefallen Allahs. Und das Leben in dieser Welt ist nur eine Sache der Täuschung.

Liebe und Zärtlichkeit

30:21   Und unter Seinen Zeichen ist dies, daß Er Gattinnen für euch schuf aus euch selber, auf daß ihr Frieden in ihnen fändet, und Er hat Liebe und Zärtlichkeit zwischen euch gesetzt. Hierin sind wahrlich Zeichen für ein Volk, das nachdenkt.

Männer, Blicke der Männer

24:30   Sprich zu den gläubigen Männern, daß sie ihre Blicke zu Boden schlagen und ihre Keuschheit wahren sollen. Das ist reiner für sie. Wahrlich, Allah ist recht wohl kundig dessen, was sie tun.

Männer, Die Männer stehen über den Frauen

4:34   Die Männer aber stehen über den Frauen, weil Allah einem Teil (der Menschen) einen Vorzug vor dem anderen gegeben hat und weil die Männer von ihrem Vermögen (als Morgengabe für die Frauen?) hingeben. Die rechtschaffenen Frauen sind daher (Gott) demütig (ergeben) und bewahren das Verborgene für sich, weil auch Allah es für sich behält. Die Frauen aber, deren Widerspenstigkeit ihr befürchtet, ermahnt, meidet sie im Ehebett und straft sie! Wenn sie euch dann gehorchen, setzt ihnen nicht mehr zu! Allah ist erhaben und groß.

3:35 (Denke daran) wie Imrans Frau sprach: »Mein Herr, ich habe Dir gelobt, was in meinem Schoße ist, daß es Deinem Dienst geweiht sei. So nimm (es) an von mir; wahrlich, Du allein bist allhörend, allwissend.«

3:36 Doch als sie es geboren hatte, sprach sie: »Mein Herr, ich habe ein Mädchen geboren« – und Allah wußte am besten, was sie zur Welt gebracht hatte und daß der Knabe (den sie im Sinn hatte) nicht gleich dem Mädchen war (das sie geboren hatte) – »und ich habe es Maria genannt, und ich empfehle sie und ihre Nachkommen Deiner Hut vor Satan dem Verworfenen.«

3:37 So nahm ihr Herr sie gnädig an und ließ sie wachsen zu holdem Wuchs und berief den Zacharias zu ihrem Pfleger. Sooft Zacharias zu ihr in die Kammer trat, fand er Speise bei ihr. Er sprach: »O Maria, woher hast du dies?« Sie antwortete: »Es ist von Allah.« Wahrlich, Allah gibt, wem Er will, ohne Maß.

3:38 Daselbst betete Zacharias zu seinem Herrn und sprach: »Mein Herr, gewähre mir Du einen reinen Sprößling; denn wahrlich, Du bist der Erhörer des Gebets.«

3:39 Da riefen ihm die Engel zu, während er betend in der Kammer stand: »Allah gibt dir frohe Kunde von Yahya (Johannes dem Täufer), der bezeugen soll die Wahrheit eines Wortes von Allah – edel und keusch und ein Prophet, der Rechtschaffenen einer.«

3:40 Er sprach: »Mein Herr, wie soll mir ein Sohn werden, wo das Alter mich überkommen hat und mein Weib unfruchtbar ist?« Er antwortete: »Das ist Allahs Art (zu handeln); Er tut, wie es Ihm gefällt.«

3:41 Er sprach: »Mein Herr, bestimme mir ein Zeichen.« Er antwortete: »Dein Zeichen soll sein, daß du drei Tage lang nicht zu Menschen sprechen wirst, außer durch Winken. Gedenke fleißig deines

Herrn und preise (Ihn) am Abend und am frühen Morgen.«

3:42 Und (denke daran) wie die Engel sprachen: »O Maria, Allah hat dich erwählt und dich gereinigt und dich erkoren aus den Frauen aller Völker.

3:43 O Maria, sei gehorsam deinem Herrn und wirf dich nieder und bete an mit den Anbetenden.«

Maria und die Engel

3:45 Wie die Engel sprachen: »O Maria, Allah gibt dir frohe Kunde eines Wortes von Ihm; sein Name soll sein der Messias, Jesus, Sohn Marias, geehrt in dieser und jener Welt, und derer einer, denen (Gottes) Nähe gewährt war.

3:46 Und er wird zu den Menschen in der Wiege reden und im Mannesalter, und er wird von den Rechtschaffenen sein.«

3:47 Sie sprach: »Mein Herr, wie soll mir ein Sohn werden, wo mich kein Mann berührt hat?« Er sprach: »So ist Allahs (Weg), Er schafft, was Ihm gefällt. Wenn Er ein Ding beschließt, so spricht Er zu ihm: ›Sei!‹, und es ist.«

Maria, Verleumdung Marias durch die Juden

4:156 Und weil sie ungläubig waren und wider Maria eine schwere Verleumdung aussprachen;

4:157 Und weil sie sagten: »Wir haben den Messias, Jesus, den Sohn der Maria, den Gesandten Allahs, getötet«; während sie ihn doch weder erschlugen noch den Kreuztod erleiden ließen, sondern er sollte ihnen nur erscheinen gleich (einem Gekreuzigten); und jene, die in dieser Sache uneins sind,

sind wahrlich im Zweifel darüber; sie haben keine (bestimmte) Kenntnis davon, sondern folgen bloß einer Vermutung; und sie setzen diese (Vermutung) nicht in Gewißheit um.

Maria, Zuflucht

23:50 Und Wir machten den Sohn der Maria und seine Mutter zu einem Zeichen und gaben ihnen Zuflucht auf einem Hügel mit einer grüner Talmulde und dem fließenden Wasser von Quellen.

Maß und Gewicht

17:35 Und gebt volles Maß, wenn ihr meßt, und wägt mit richtiger Waage; das ist durchaus vorteilhaft und letzten Endes das Beste.

Mönche und Priester

5:82 Du wirst sicherlich finden, daß unter allen Menschen die Juden und die, welche Gott Bilder zur Seite stellen, die erbittertsten Gegner der Gläubigen sind. Und du wirst zweifellos finden, daß die, welche sprechen: »Wir sind Christen«, den Gläubigen am freundlichsten gegenüberstehen. Das verhält sich so, weil unter ihnen Gottesgelehrte und Mönche sind und weil sie nicht hoffärtig sind.

9:30 Die Juden sagen, Esra sei Allahs Sohn, und die Christen sagen, der Messias sei Allahs Sohn. Das ist das Wort ihres Mundes. Sie ahmen die Rede derer nach, die vor ihnen ungläubig waren. Allahs Fluch über sie! Wie sind sie irregeleitet!

9:31 Sie haben sich ihre Schriftgelehrten und Mönche zu Herren genommen neben Allah und den Messias, den Sohn der Maria. Und doch war ihnen geboten, allein den Einigen Gott anzubeten. Es ist kein Gott außer Ihm. Allzu heilig ist Er für das, was sie (Ihm) an die Seite stellen!

9:34 O die ihr glaubt, wahrlich, viele der Priester und Mönche verzehren das Gut der Menschen durch falsche Mittel und machen (die Leute) abwendig von Allahs Weg. Und jene, die Gold und Silber anhäufen und es nicht aufwenden auf Allahs Weg – ihnen verheiße schmerzliche Strafe.

57:27 Dann ließen Wir Unsere Gesandten ihren Spuren folgen; und Wir ließen Jesus, den Sohn der Maria, (ihnen) folgen, und Wir gaben ihm das Evangelium. Und in die Herzen derer, die ihm folgten, legten Wir Güte und Barmherzigkeit. Das Mönchtum jedoch, das sie selber erfanden – das schrieben Wir ihnen nicht vor – nur das Trachten nach Allahs Wohlgefallen; doch sie befolgten es nicht auf richtige Art. Dennoch gaben Wir denen unter ihnen, die gläubig waren, ihren Lohn, aber viele von ihnen sind ruchlos.

Mohammed

2:119 Wir haben dich entsandt mit der Wahrheit, als einen Bringer froher Botschaft und einen Warner. Und du wirst nicht zur Rede gestellt werden über die Insassen der Hölle.

2:120 Und weder die Juden werden mit dir zufrieden

sein noch die Christen, es sei denn, du folgst ihrem Glauben. Sprich: »Wahrlich, Allahs Führung allein ist die Führung.« Und wenn du nach der Kenntnis, die dir zuteil geworden, ihren bösen Gelüsten folgst, so wirst du bei Allah weder Freund noch Helfer finden.

2:151 Wie Wir zu euch einen Gesandten schickten aus eurer Mitte, der euch Unsere Zeichen (Verse) verliest und euch (von der Unreinheit des Heidentums) reinigt, euch das Buch und die Weisheit lehrt und euch das lehrt, was ihr (bisher) nicht wußtet.

2:213 Das Menschengeschlecht war eine Gemeinde (dann wurden sie uneins untereinander); so erweckte Allah Propheten als Bringer froher Botschaft und als Warner und sandte hinab mit ihnen das Buch mit der Wahrheit, daß Er richten möge zwischen den Menschen in dem, worin sie uneins waren. (Nun aber begannen sie uneins zu werden über das Buch) und gerade die waren uneins darüber, denen es gegeben worden, nachdem ihnen doch deutliche Zeichen zuteil geworden waren; (und das) aus Neid aufeinander. Nun hat Allah durch Sein Gebot die Gläubigen zu der Wahrheit geleitet, über die jene anderen (die Ungläubigen) uneins waren; und Allah leitet, wen Er will, auf den rechten Pfad.

5:15 O Volk der Schrift, nunmehr ist unser Gesandter zu euch gekommen, der euch vieles enthüllt, was ihr von der Schrift verborgen hieltet, und vieles übergeht. Gekommen ist zu euch fürwahr ein Licht von Allah und ein klares Buch.

5:19 O Volk der Schrift, gekommen ist nunmehr zu euch Unser Gesandter, nach einer Unterbrechung in der Reihe der Gesandten, der euch (die Dinge) klarmacht, damit ihr nicht sagt: »Kein Bringer froher Botschaft und kein Warner ist zu uns gekommen.« So ist nun zu euch gekommen in Wahrheit ein Bringer froher Botschaft und ein Warner. Und Allah hat die Macht, alles zu tun.

6:107 Und hätte Allah Seinen Willen erzwungen, sie hätten (Allah) keine Götter zur Seite gesetzt. Wir haben dich nicht zu ihrem Hüter gemacht, noch bist du ein Wächter über sie.

Mohammed, in der Thora und in der Bibel

7:157 Die da folgen dem ungelehrten Gesandten, dem Propheten, dem Makellosen, den sie bei sich in der Thora erwähnt finden und im Evangelium – er befiehlt ihnen das Rechte und verbietet das Unrecht, und er gestattet ihnen die guten Dinge und verwehrt die schlechten, und er nimmt hinweg von ihnen ihre Last und die Fesseln, die auf ihnen lagen –, die also an ihn glauben und ihn ehren und stärken und ihm helfen und dem Licht folgen, das mit ihm hinabgesandt war, denen soll es wohl ergehen.

Mohammed, nur ein Gesandter

3:144 Mohammed ist nur ein Gesandter. Wahrlich, (alle) Gesandten sind vor ihm dahingegegangen. Wenn er nun stirbt oder getötet wird, werdet ihr umkehren auf euren Fersen? (den Glauben verleugnen?) Und wer auf seinen Fersen umkehrt, der fügt Allah nicht den mindesten Schaden zu. Und Allah wird sicherlich die Dankbaren belohnen.

Mohammed, ein Gesandter für die ganze Menschheit

7:158 Sprich: »O Menschheit, fürwahr, ich bin euch allen ein Gesandter Allahs, der das Königreich der Himmel und der Erde ist. Es ist kein Gott außer Ihm. Er gibt Leben, und Er läßt sterben. So glaubt an Allah und an Seinen Gesandten, den Propheten, den Makellosen, der an Allah glaubt und an Seine Worte; und folgt ihm, auf das ihr recht geleitet werdet.«

34:28 Und Wir haben dich entsandt nur als Bringer froher Botschaft und einen Warner für die ganze Menschheit; jedoch die meisten Menschen verstehen es nicht.

Mohammed, wie Moses

73:15 Wahrlich, Wir haben euch einen Gesandten geschickt, der ein Zeuge ist über euch, wie Wir (seinerzeit) zu Pharao einen Gesandten (Moses) geschickt haben.

Mütter

31:14 Wir legten dem Menschen Güte gegen seine Eltern ans Herz. Seine Mutter trug ihn in Schwäche über Schwäche, und seine Entwöhnung erfordert zwei Jahre: »Sei dankbar Mir und deinen Eltern. Zu Mir ist die endgültige Heimkehr.

31:15 Doch wenn sie (die Eltern) mit dir eifern, damit du Mir das an die Seite setzest, wovon du keine Kenntnis hast, dann gehorche ihnen nicht. Verkehre mit ihnen in weltlichen Dingen auf geziemende Weise; doch (in geistigen Dingen) folge dem Weg dessen, der sich zu Mir wendet. Dann werdet ihr zu Mir zurückkehren, und Ich werde euch verkünden, was ihr getan habt.«

46:15 Wir haben dem Menschen Güte gegen seine Eltern zur Pflicht gemacht. Seine Mutter trägt ihn mit Schmerzen, und mit Schmerzen gebiert sie ihn. Und ihn tragen und ihn entwöhnen, erfordert dreißig Monate, bis er dann, wenn er seine Vollkraft erlangt und vierzig Jahre erreicht hat, spricht: »Mein Herr, sporne mich an, dankbar zu sein für Deine Gnade, die Du mir und meinen Eltern erwiesen hast, und Rechtes zu wirken, das Dir wohlgefallen mag. Und laß mir meine Nachkommenschaft rechtschaffen sein. Siehe, ich wende mich zu Dir; fürwahr, ich bin einer von denen, die sich ergeben.«

Noah

3:33 Allah erwählte Adam und Noah und das Haus Abrahams und das Haus Imrans vor allen Völkern.

3:34 Ein Geschlecht, verwandt miteinander. Und Allah ist allhörend, allwissend.

7:59 Wir entsandten Noah zu seinem Volk und er sprach: »O mein Volk, dienet Allah; ihr habt keinen anderen Gott als Ihn. Wahrlich, ich fürchte für euch die Strafe des großen Tags.«

7:60 Es sprachen die Häupter seines Volks: »Wahrlich, wir sehen dich in offenkundigem Irrtum.«

7:61 Er sprach: »O mein Volk, es ist kein Irrtum in mir, sondern ich bin ein Gesandter vom Herrn der Welten.

7:62 Ich überbringe euch die Botschaft meines Herrn

und gebe euch aufrichtigen Rat, und ich weiß durch Allah, was ihr nicht wißt.

7:63 Wundert ihr euch, daß eine Mahnung zu euch gekommen ist von eurem Herrn, durch einen Mann aus eurer Mitte, auf daß er euch warne und daß ihr rechtschaffen werdet und vielleicht Erbarmen findet?«

7:64 Doch sie klagten ihn der Falschheit an, so retteten Wir ihn und die bei ihm waren in der Arche, und ließen jene ertrinken, die Unsere Zeichen verwarfen. Sie waren wahrlich ein blindes Volk.

11:36 Und es war Noah offenbart: »Keiner von deinem Volk wird glauben, außer jenen, die bereits geglaubt haben: betrübe dich darum nicht über ihr Tun.

11:37 Und baue dir die Arche vor Unseren Augen und so (wie Wir es gebieten) durch Unsere Offenbarung. Und sprich Mir nicht weiter von den Frevlern. Wahrlich, sie sollen ertrinken.«

11:38 Und er machte die Arche; sooft die Häupter seines Volks an ihm vorübergingen, verspotteten sie ihn. Er sprach: »Verspottet ihr uns (jetzt, es kommt die Zeit, wo) wir über euch spotten werden gerade so, wie ihr (jetzt) spottet.

11:39 Dann werdet ihr erfahren, wer es ist, über den eine Strafe kommen wird, die ihn mit Schande bedeckt, und auf wen eine immerwährende Strafe fallen wird.«

11:40 Bis dann, da Unser Befehl erging und die Fluten (der Erde) hervorbrachen. Da sprachen Wir: »Bringe in sie hinein zwei von jeglicher Art, Männchen und Weibchen, und deine Familie mit Ausnahme derer, wider die das Wort bereits ergangen ist, und die Gläubigen.« Allein nur wenige glaubten da (und lebten) mit ihm.

11:41 Und er sprach: »Schiffet euch ein. Im Namen Allahs sei ihre Ausfahrt und ihre Landung. Mein Herr ist wahrlich allverzeihend, barmherzig.«

11:42 Und sie fuhr einher mit ihnen über die Wogen gleich Bergen. Und Noah rief zu seinem Sohn, der sich abseits (hielt): »O mein Sohn, steig mit uns ein und sei nicht der Ungläubigen einer!«

11:43 Er antwortete: »Ich will mich sogleich auf einen Berg begeben, der mich vor dem Wasser schützen wird.« Er sprach: »(Für) keinen ist heute Schutz vor Allahs Befehl, außer für die, denen Er Sein Erbarmen erweist.« Und die Woge brach herein zwischen die beiden, so war er unter denen, die ertranken.

11:44 Und es war gesprochen: »O Erde, verschlinge dein Wasser, und o Himmel, höre auf (zu regnen)!« Und das Wasser begann zu versiegen, und so war es zu Ende. Und (die Arche) kam auf dem (Berg) Al Dschudi zur Rast. Und es war gesprochen: »Verflucht sei das Volk der Frevler!«

11:45 Und Noah rief zu seinem Herrn und sprach: »Mein Herr, wahrlich, mein Sohn gehört zu meiner Familie, und Dein Versprechen ist doch gewißlich wahr, und Du bist der gerechteste Richter.«

11:46 Er sprach: »O Noah, wahrlich er gehört nicht zu deiner Familie; er ist fürwahr (ein Mann von) sündhaftem Betragen. So frage Mich nicht nach dem, wovon du keine Kenntnis hast. Ich warne dich, damit du nicht der Toren einer werdest.«

11:47 Er sprach: »Mein Herr, ich bitte Dich, bewahre mich davor, daß ich Dich nach dem frage, wovon ich keine Kenntnis habe. Und wenn Du mir nicht verzeihst und Dich meiner erbarmst, so werde ich unter den Verlorenen sein.«

11:48 Es ward gesprochen: »O Noah, steige denn hinab mit Frieden von Uns und Segnungen über dich und über die (künftigen) Geschlechter (Nachkommen) derer, die bei dir sind! Und es werden (andere) Geschlechter sein, denen Wir Versorgung gewähren (auf eine Zeit), dann aber wird eine schmerzliche Strafe sie von Uns treffen.«

11:49 Das ist eine der Botschaften von den verborgenen Dingen, die Wir dir offenbaren. Du kanntest sie nicht, weder du noch dein Volk, vor diesem. So harre denn aus; denn der Ausgang ist für die Gottesfürchtigen.

Paare

42:11 (Er ist) der Schöpfer des Himmels und der Erde. Er hat euch zu Paaren gemacht und von den Tieren (auch) Paare. Dadurch vermehrt euch. Nichts gibt es Seinesgleichen; und Er ist der Hörende, der Sehende.

51:49 Und von jeglichem Ding haben Wir Paare erschaffen, auf daß ihr euch vielleicht doch besinnen möchtet.

Paradies

2:25 Und bringe frohe Botschaft denen, die glauben und gute Werke tun, daß Gärten für sie sind, durch die Ströme fließen. Wann immer ihnen von den Früchten daraus gegeben wird, so werden sie sprechen: »Das ist, was uns zuvor gegeben wurde«, und Gaben gleicher Art sollen ihnen gebracht werden. Und sie werden darin Gefährten und Gefährtinnen haben von vollkommener Reinheit, und darin werden sie weilen.

18:30 Wahrlich, die da glauben und gute Werke tun – wahrlich, Wir lassen den Lohn derjenigen, die gute Werke tun, nicht verloren gehen.

18:31 Sie sind es, die Gärten der Ewigkeit besitzen werden, durch welche Ströme fließen. Darinnen werden sie geschmückt sein mit Armspangen von Gold und gekleidet in grüne Gewänder aus Sundus (feiner Seide) und Istabraq (Brokat), darin lehnend auf erhöhten Sitzen. Wie herrlich der Lohn und wie schön die Stätte der Rast!

37:39 Und ihr werdet belohnt werden für das, was ihr selbst bewirkt habt –

37:40 ausgenommen die erwählten Diener Allahs;

37:41 diese sollen eine zuvor bekannte Versorgung erhalten —

37:42 Früchte; und sie sollen geehrt werden

37:43 in den Gärten der Wonne,

37:44 auf Ruhebetten (sitzend), einander gegenüber.

37:45 Kreisen soll unter ihnen ein Becher aus einem fließenden Quellwasser,

37:46 klar, wohlschmeckend den Trinkenden,

37:47 kein Schwindel soll in ihm sein, und nicht sollen sie von ihm berauscht werden.

37:48 Und bei ihnen werden (Huris) sein, züchtig blickend aus großen Augen.

47:15 Ein Gleichnis von dem Paradiese, den Rechtschaffenen versprochen: Darin sind Ströme von Wasser, das nicht verdirbt, und Ströme von Milch, deren Geschmack sich nicht ändert, und Ströme von Wein, köstlich für die Trinkenden, und Ströme von gereinigtem Honig. Und in ihm werden sie Früchte aller Art haben und Vergebung von ihrem Herrn. Können sie wohl denen gleich sein, die im Feuer weilen und denen siedendes Wasser zu trinken gegeben wird, so daß es ihr Eingeweide zerreißt?

52:17 Wahrlich, die Gerechten sind in Gärten und in Glückseligkeit,

52:18 genießend die Gaben, die ihr Herr ihnen beschert hat; und ihr Herr hat sie vor der Pein des Feuers bewahrt.

52:19 »Eßt und trinkt und laßt es euch wohl bekommen! Um dessentwillen, was ihr getan habt,

52:20 gelehnt auf gereihten Ruhekissen.« Und Wir werden sie mit schönen großäugigen Huris vermählen.

52:21 Und diejenigen, die glauben und deren Nachkommen ihnen im Glauben folgen, mit denen wollen Wir ihre Nachkommen vereinen. Und Wir werden ihnen (den Lohn für) ihre Werke nicht im geringsten schmälern. Jedermann haftet für das, was er (in seinem irdischen Leben) gewirkt hat.

52:22 Und Wir werden ihnen eine Fülle von Früchten und Fleisch bescheren, wie sie es nur wünschen mögen.

52:23 Dort werden sie einander einen Becher (mit Wein) reichen von Hand zu Hand, worin weder Eitelkeit noch Sünde ist.

52:24 Und es machen die Runde unter ihnen, aufwartend, Jünglinge ihres eigenen (Bluts), gleich wohlbehüteten Perlen.

Pilgerfahrt

2:189 Sie fragen dich nach den Neumonden; sprich: »Sie sind ein Mittel zum Messen der Zeit für (das allgemeine Wohl der) Menschheit und für die Pilgerfahrt.«
Und das ist nicht Rechtschaffenheit, daß ihr die Häuser von hinten betretet; gerecht ist allein, wer Allah fürchtet. Und ihr sollt die Häuser betreten durch ihre Türen; und fürchtet Allah, auf daß es euch wohl ergehen möge.

2:196 Und vollzieht die Pilgerfahrt (Hadsch) und die Besuchsfahrt (Umra) um Allahs willen: seid ihr jedoch behindert, so (bringt) ein Opfer (dar), das leicht erhältlich sei; schert eure Häupter nicht eher, als bis das Opfer seinen Bestimmungsort erreicht hat. Und wer unter euch krank ist oder ein Leiden am Kopf hat, soll dafür Tilgung leisten durch Fasten oder Almosenspenden oder (sonst) ein Opfer. Seid ihr aber in Sicherheit, dann soll der, der die Umra (die Besuchsfahrt, kleine Pilgerfahrt) vollziehen möchte zusammen mit Hadsch, ein leicht erhältliches Opfer (darbringen). Die jedoch nichts (zum Opfern) finden können, sollen während der Pilgerfahrt drei Tage fasten und sieben nach der Heimkehr; das sind im ganzen zehn. Das gilt für den, dessen Familie nicht in der Nähe der Heiligen Moschee wohnt. Und fürchtet Allah und wißt, daß Allah streng im Strafen ist.

2:197 Die Monate für die Pilgerfahrt sind wohlbekannt; wer also beschließt, die Pilgerfahrt in diesen Monaten zu vollziehen (soll bedenken), daß keine häßliche Rede, keine Übertretung noch irgendein Streit während des Pilgerns (sich ereignen darf). Und was ihr Gutes tut, Allah weiß es. Und verseht euch mit der (notwendigen) Zehrung; aber wahrlich, die beste Zehrung ist Rechtschaffenheit. Und fürchtet Mich (allein), ihr Verständigen.

2:198 Es ist keine Sünde für euch, daß ihr die Gnadenfülle eures Herrn sucht (Handelsgeschäfte während des Pilgerns macht). Doch wenn ihr von Arafat (Hügel bei Mekka) weiter eilt, gedenket Allahs bei der heiligen Stätte (Masch'ar al-Haram); und gedenket Seiner, wie Er euch geleitet hat; wiewohl ihr vordem zu den Verirrten gehörtet.

2:199 Dann eilet von dort, von wo die Leute eilen, und sucht Vergebung bei Allah; wahrlich, Allah ist der Vergebende, der Barmherzige.

2:200 Und habt ihr die heiligen Gebräuche vollendet, dann feiert Allahs Ruhm, wie ihr den Ruhm eurer Väter zu feiern pflegtet, nur noch inniger.

3:96 Wahrlich, das erste Haus, das für die Menschheit gegründet wurde, ist das zu Bekka (das Tal zu Mekka) – überreich an Segen und zur Richtschnur für alle Völker.

3:97 In ihm sind deutliche Zeichen; es ist die Stätte Abrahams; und wer sie betritt, hat Frieden. Und Wallfahrt zu diesem Haus – wer nur immer einen Weg dahin finden kann – ist eine Pflicht, die die Menschen Allah schulden. Wer aber im Unglauben verharrt (möge bedenken), daß Allah sicherlich von allen Geschöpfen unabhängig ist.

22:27 Und verkündige den Menschen die Pilgerfahrt. Sie werden zu dir kommen zu Fuß und auf jedem hageren Kamel, (abgemagert infolge der) Wanderung, durch alle tiefen und fernen Talwege,

22:28 Auf daß sie zugegen seien, um ihre Vorteile (daraus

zu ziehen) und den Namen Allahs auszusprechen während der bestimmten Tage über jene Tiere unter dem Vieh, das Er ihnen zur Versorgung gegeben hat. Dann eßt davon und speist die Bedürftigen, die Mangel leiden.

22:29 Dann sollen sie ihrer persönlichen Reinigung obliegen und ihre Riten ausführen und um das Altehrwürdige Haus (Kaaba) wandeln.

Polygamie

4:3 Und wenn ihr fürchtet, ihr würdet nicht gerecht gegen die Waisen handeln (falls ihr vorhabt, eine der eurer Obhut anvertrauten Waisen zu heiraten), dann heiratet (andere) Frauen, die euch gefallen, zwei oder drei oder vier; und wenn ihr fürchtet, ungerecht zu handeln, dann (heiratet nur) eine oder was eure Rechte besitzt (eure Sklavinnen). Das ist der einfachste (Weg) für euch, Unrecht zu vermeiden.

4:129 Und ihr könnt kein (vollkommenes) Gleichgewicht zwischen euren Frauen halten, so sehr ihr es auch wünschen möget. Aber neigt euch nicht gänzlich (einer) zu, so daß ihr die andere gleichsam in der Schwebe lasset. Und wenn ihr es wiedergutmacht und recht handelt, wahrlich, Allah ist allverzeihend, barmherzig.

Propheten, die früheren Propheten

2:136 Sprecht: »Wir glauben an Allah und was uns offenbart worden ist, und was offenbart war Abraham und Ismael und Isaak und Jakob und (seinen) Kin-

117

dern, und was gegeben war Moses und Jesus, und was gegeben war (allen andern) Propheten von Ihrem Herrn. Wir machen keinen Unterschied zwischen ihnen; und Ihm ergeben wir uns. «

2:213 Das Menschengeschlecht war eine Gemeinde (dann wurden sie uneins untereinander); so erweckte Allah Propheten als Bringer froher Botschaft und als Warner und sandte hinab mit ihnen das Buch mit der Wahrheit, daß Er richten möge zwischen den Menschen in dem, worin sie uneins waren. (Nun aber begannen sie uneins zu werden über das Buch) und gerade die waren uneins darüber, denen es gegeben worden, nachdem ihnen doch deutliche Zeichen zuteil geworden waren; (und das) aus Neid aufeinander. Nun hat Allah durch Sein Gebot die Gläubigen zu der Wahrheit geleitet, über die jene anderen (die Ungläubigen) uneins waren; und Allah leitet, wen Er will, auf den rechten Pfad.

4:163 Wahrlich, Wir sandten dir Offenbarung, wie Wir Noah Offenbarung sandten und den Propheten nach ihm; und Wir sandten Offenbarung Abraham und Ismael und Isaak und Jakob und (seinen) Söhnen und Jesus und Hiob und Jonas und Aaron und Salomo, und Wir gaben David ein Buch.

4:164 Und (Wir schickten einige) Gesandte, von denen Wir dir bereits gesprochen, und (andere) Gesandte, von denen Wir dir nicht gesprochen haben – und Allah richtete an Moses eine Rede –,

4:165 Gesandte, (die als) Bringer froher Botschaften und Warner (kamen), so daß die Menschen keinen Klagegrund gegen Allah haben nach den Gesandten. Und Allah ist allmächtig, weise.

4:166 Doch Allah bezeugt durch die Offenbarung, die Er zu dir hinabgesandt hat, daß Er sie sandte mit Seinem Wissen; und auch die Engel bezeugen es; und Allah genügt als Zeuge.

16:71 Und Allah hat einige von euch vor den andern mit Gaben begünstigt. Und doch wollen die Begünstigten nichts von ihren Gaben denen zurückgeben, die ihre Rechte besitzt (ihren Sklaven), auf daß sie daran gleich (beteiligt) wären. Wollen sie denn Allahs Huld verleugnen?

18:46 Besitz und Kinder sind ein Schmuck dieser Welt. Die bleibenden guten Werke aber sind besser vor dem Angesicht deines Herrn hinsichtlich des (unmittelbaren) Lohnes und besser hinsichtlich der (künftigen) Hoffnung.

24:22 Und die von euch, die Reichtum und Überfluß besitzen, sollen nicht schwören, den Anverwandten und den Bedürftigen und den auf Allahs Pfad Ausgewanderten nichts (mehr) zu geben. Sie sollen (vielmehr) vergeben und verzeihen. Wünscht ihr nicht, daß Allah euch vergebe? Und Allah ist vergebend, barmherzig.

34:34 Und Wir entsandten keinen Warner zu einer Stadt, ohne daß die Begüterten darin gesprochen hätten: »Gewiß, wir glauben nicht an eure Sendung.«

34:35 Und sie sprachen: »Wir sind reicher an Gut und Kindern, und wir werden nicht bestraft werden.«

34:36 Sprich: »Fürwahr, mein Herr weitet die Versorgung, wem Er will, und schmälert (sie, wem Er will); jedoch die meisten Menschen wissen es nicht.«

4:17 Wahrlich, Allah nimmt nur deren Reue gütig an, die unwissentlich Böses taten und bald darauf Buße tun. Solchen wendet Allah Sich erbarmend zu; und Allah ist allwissend, weise.

4:18 Doch nicht (angenommen wird) die Reue derer, die (fortfahren,) Böses zu tun, bis zuletzt, wenn der Tod einem von ihnen naht, er spricht: »Ich bereue nun«; noch derer, die als Ungläubige sterben. Ihnen haben Wir schmerzliche Strafe bereitet.

17:25 Euer Herr weiß am besten, was in euren Seelen ist: Wenn ihr recht gesinnt seid, dann gewiß ist Er verzeihend denen, die sich wieder und wieder (zu ihm) wenden.

42:25 Und Er ist es, der Reue annimmt von Seinen Dienern und Sünden vergibt. Und Er weiß, was ihr tut.

Scheidung

2:226 Für die, welche Enthaltsamkeit von ihren Frauen geloben, ist die (äußerste) Wartezeit vier Monate; wollen sie dann von ihrem Gelübde zurücktreten, so ist Allah gewiß allverzeihend, barmherzig.

2:227 Und wenn sie sich zur Ehescheidung entschließen, wahrlich, dann ist Allah allhörend, allwissend.

2:228 Und die geschiedenen Frauen sollen dreimal ihre Periode abwarten, ehe sie über sich verfügen; und es ist ihnen nicht erlaubt, das zu verhehlen, was Allah in ihrem Schoß erschaffen hat, wenn sie an Allah und an den Jüngsten Tag glauben; und ihre Gatten haben das größere Anrecht, sie während dieser Zeit zurückzunehmen, wenn sie eine Aussöhnung wünschen. Und die Frauen haben die gleichen Rechte, wie sie (die Männer): doch haben die Männer einen Vorrang vor ihnen; und Allah ist allmächtig, weise.

2:229 Solche Scheidung darf zweimal (ausgesprochen) werden; dann aber müßt ihr sie (die Frauen) entweder auf geziemende Art behalten oder in Güte entlassen. Und es ist euch nicht erlaubt, irgend etwas von dem, was ihr ihnen gegeben habt, zurückzunehmen, es sei denn, beide fürchten, sie könnten die von Allah gesetzten Schranken nicht einhalten. Fürchtet ihr aber, daß sie die von Allah gesetzten Schranken nicht einhalten können, so soll für keinen Teil eine Sünde liegen in dem, was sie hingibt, um ihre Freiheit zu erkaufen. Das sind die Schranken, die Allah gesetzt hat, so übertretet sie nicht; die aber die von Allah gesetzten Schranken übertreten, die sind Ungerechte.

2:230 Und wenn er sie (ein drittes Mal) entläßt, dann ist sie ihm nicht mehr erlaubt, ehe sie einen anderen Mann geheiratet hat; scheidet sich dieser dann (auch) von ihr, so soll es für sie keine Sünde sein, zueinander zurückzukehren, wenn sie sicher sind, die von Allah gesetzten Schranken einhalten zu können. Das sind die von Allah gesetzten Schranken, die Er den Verständigen (Leuten) klarmacht.

2:231 Und wenn ihr euch von den Frauen scheidet und sie nähern sich dem Ende ihrer Wartefrist, dann sollt ihr sie entweder auf geziemende Art behalten oder auf geziemende Art entlassen; doch haltet sie nicht widerrechtlich zurück, so daß ihr euch vergeht. Wer das aber tut, wahrlich, der sündigt wider seine eigene Seele. Und treibt nicht Spott mit Allahs Geboten, und gedenket der Gnade Allahs gegen euch und des Buchs und der Weisheit, die er euch herabgesandt hat, euch damit zu ermahnen. Und fürchtet Allah und wisset, daß Allah alles weiß.

2:232 Und wenn ihr euch von den Frauen scheidet und sie erreichen das Ende ihrer Wartefrist, dann hindert sie nicht daran, ihre Gatten zu heiraten, wenn sie miteinander auf geziemende Art einig geworden sind. Das ist eine Mahnung für den unter euch, der an Allah und an den Jüngsten Tag glaubt. Es ist segensreicher für euch und lauterer; und Allah weiß, ihr aber wisset nicht.

2:236 Es soll euch nicht als Sünde angerechnet werden, wenn ihr euch von Frauen scheidet, dieweil ihr sie nicht berührt noch eine Morgengabe für sie ausgesetzt habt. Doch versorget sie – der Reiche nach seinem Vermögen und der Arme nach seinem Vermögen –, eine Versorgung, wie es sich gebührt, eine Pflicht für die Rechtschaffenen.

2:237 Und wenn ihr euch von ihnen scheidet, bevor ihr sie berührt habt, doch nachdem ihr ihnen eine Morgengabe ausgesetzt habt, dann (sollen sie) auf die Hälfte des Ausgesetzten von euch (Anspruch haben), es sei denn, sie erlassen es oder der, in dessen Hand das Eheband ist, erläßt es. Und euer Erlassen ist der Rechtschaffenheit näher. Und vergeßt nicht, einander Gutes zu tun. Wahrlich, Allah sieht, was ihr tut.

2:241 Und (auch) für die geschiedenen Frauen soll eine Versorgung vorgesehen werden nach Billigkeit – eine Pflicht für die Gottesfürchtigen.

33:49 O die ihr glaubt! Wenn ihr gläubige Frauen heiratet und euch dann von ihnen scheidet, ehe ihr sie berührt habt, so besteht für euch ihnen gegenüber keine Wartefrist. Darum gebt ihnen ein Geschenk und entlaßt sie auf geziemende Weise.

65:1 O Prophet! Wenn ihr euch von Frauen scheidet, so scheidet euch von ihnen für ihre vorgeschriebene Frist, und berechnet die Frist; und fürchtet Allah, euren Herrn. Vertreibt sie nicht aus ihren Häusern, noch sollen sie (selbst) fortgehen, es sei denn, sie begehen offenkundige Unsittlichkeit. Das sind die von Allah gesetzten Schranken; und wer Allahs Schranken übertritt, der sündigt wider seine eigene Seele. Du weißt nicht, vielleicht wird Allah späterhin etwas Neues geschehen lassen (so daß es zu einer Versöhnung kommen könnte).

65:2 Dann, wenn ihre Frist um ist, nehmt sie in Güte zurück oder trennt euch in Güte von ihnen und rufet zwei rechtliche Leute aus eurer Mitte zu Zeugen; und laßt es ein wahrhaftiges Zeugnis vor Allah sein. Das ist eine Mahnung für den, der an Allah und an den Jüngsten Tag glaubt. Und dem, der Allah fürchtet, wird Er einen Ausweg bereiten,

65:3 und wird ihn versorgen, ohne daß er damit rechnet. Und für den, der auf Allah vertraut, ist Er Genüge. Wahrlich, Allah wird Seine Absicht durchführen. Für alles hat Allah ein Maß bestimmt.

65:4 Wenn ihr im Zweifel seid (über) jene eurer Frauen, die keine monatliche Reinigung mehr erhoffen, (dann wisset, daß) ihre Frist drei Monate ist, (und das gleiche gilt für) die, die noch keine Reinigung hatten. Und für die Schwangeren soll ihre Frist so lange währen, bis sie sich ihrer Bürde entledigt haben. Und dem, der Allah fürchtet, wird Er Erleichterung verschaffen in seinen Angelegenheiten.

65:6 Lasset sie (während der Frist) in den Häusern wohnen, in denen ihr wohnt, gemäß euren Mitteln; und tut ihnen nichts zuleide in der Absicht, es ihnen schwer zu machen. Und wenn sie schwanger sind, so bestreitet ihren Unterhalt, bis sie sich ihrer Bürde entledigt haben. Und wenn sie (das Kind) für euch säugen, gebt ihnen ihren Lohn und beratet euch freundlich miteinander; wenn ihr aber (damit) Verlegenheit für einander schafft, dann soll eine andere (das Kind) für den (Vater) säugen.

65:7 Jener, der Fülle hat, soll aus seiner Fülle aufwenden (als Unterhalt); und der, dessen Mittel beschränkt sind, soll aufwenden gemäß dem, was ihm Allah gegeben hat. Allah fordert von keiner Seele über das hinaus, was Er ihm gegeben hat. Allah wird nach Bedrängnis bald Erleichterung schaffen.

6:60 Und Er ist es, der eure Seelen zu Sich nimmt in der Nacht, und Er weiß, was ihr schaffet am Tag; dann erweckt Er euch wieder zum (Tageslicht), auf daß die vorbestimmte Frist (für euer Leben) vollendet werde. Zu Ihm ist dann eure Heimkehr; dann wird Er euch verkünden, was eure Werke waren.

17:85 Und sie fragen dich über die Seele. Sprich: »Die Seele entsteht auf den Befehl meines Herrn; und euch ist von Wissen nur wenig gegeben.«

39:42 Allah nimmt die Seelen (der Menschen) hin zur Zeit ihres Absterbens und (auch) derer, die nicht gestorben sind, während ihres Schlafs. Dann hält Er die zurück, über die Er den Tod verhängt hat, und schickt die andern (wieder) bis zu einer bestimmten Frist. Hierin sind sicherlich Zeichen für Leute, die nachdenken.

Speisen, erlaubte und verbotene Speisen

2:172 O die ihr glaubt, esset von den guten Dingen, die Wir euch bereitet haben, und danket Allah, wenn Er es ist, den ihr anbetet.

2:173 Verwehrt hat Er euch nur das von selbst Verendete und Blut und Schweinefleisch und das, worüber ein anderer Name als Allahs angerufen worden ist. Wer aber aus Not (dazu) getrieben wird und nicht ungehorsam ist und auch nicht das Maß überschreitet, für ihn soll es keine Sünde sein: Wahrlich, Allah ist der Vergebende, der Barmherzige.

5:3 Untersagt ist euch das von selbst Verendete sowie Blut und Schweinefleisch; ferner das, worüber ein anderer Name angerufen war als Allahs (beim Schlachten); das Erdrosselte; das zu Tode Geschla-

gene; das zu Tode Gestürzte oder durch Hörnerstoß Getötete und das von reißenden Tieren Angefressene, außer ihr selbst habt es (bevor es getötet
wurde) geschlachtet; und das, was auf einem Altar
(als Götzenopfer) geschlachtet worden ist; auch,
daß ihr euer Geschick durch Lospfeile zu erkunden sucht. Das ist Ungehorsam. Die Ungläubigen
verzweifeln heute an eurem Glauben. Darum
fürchtet sie nicht; fürchtet Mich.

Heute habe Ich eure Glaubenslehre für euch vollendet und Meine Gnade an euch erfüllt und euch
den Islam zum Bekenntnis erwählt.

Wer aber durch Hunger getrieben wird, ohne
sündhafte Absicht – dann, wahrlich, ist Allah allverzeihend, barmherzig.

5:4 Sie fragen dich, was ihnen denn erlaubt sei. Sprich:
»Alle guten Dinge sind euch erlaubt; und was ihr
Tiere und Raubvögel gelehrt habt (für euch zu fangen), indem ihr (sie) zur Jagd abgerichtet (und) sie
lehrtet aus dem, was Allah euch gelehrt hat. So
esset von dem, was sie für euch fangen, und sprechet Allahs Namen darüber aus. Und fürchtet Allah, denn Allah ist schnell im Rechnen.«

5:5 Heute sind euch alle guten Dinge erlaubt. Und die
Speise des Volkes der Schrift ist euch erlaubt, und
eure Speise ist ihnen erlaubt. Und (erlaubt sind
euch) keusche Frauen aus den Reihen der Gläubigen und keusche Frauen aus den Reihen derer, die
vor euch die Schrift empfingen, wenn ihr ihnen
ihre Morgengabe gebt und einen vollgültigen Heiratsvertrag mit ihnen schließt, nicht Unzucht begeht noch heimlich Buhlweiber nehmt. Und wer
den Glauben verleugnet, dessen Werk ist ohne
Zweifel zunichte geworden, und im Jenseits wird
er unter den Verlierenden sein.

5:96 Das Getier des Meeres und sein Genuß sind euch
erlaubt als eine Versorgung für euch und für die
Reisenden; doch verwehrt ist euch das Wild des
Landes, solange ihr Pilger seid. Und fürchtet Allah, zu Dem ihr versammelt werdet.

16:66 Wahrlich, (auch) an den Tieren habt ihr eine Lehre für euch. Wir geben euch zu trinken von dem, was in ihren Leibern ist, zwischen Kot und Blut in der Mitte, Milch, welche für die Trinkenden so angenehm ist.

16:67 Und von den Früchten der Dattelpalmen und den Trauben, von denen ihr berauschenden Trank und bekömmliche Nahrung zieht. Wahrlich, darin ist ein Zeichen für Leute, die vom Verstand Gebrauch machen.

16:68 Und dein Herr hat der Biene eingegeben: »Baue dir Häuser in den Bergen und in den Spalieren, die sie (die Menschen) errichten.

16:69 Dann iß von allen Früchten und folge den Wegen deines Herrn, (die Er dir) leicht gemacht hat.« Aus ihren Leibern kommt ein Trank, mannigfach an Farbe (der Honig). Darin ist Heilung für die Menschen. Wahrlich, hierin ist ein Zeichen für Leute, die nachdenken.

Spotten

49:11 O die ihr glaubt! Laßt nicht die einen über die andern spotten, die vielleicht besser sind als sie, und (laßt) nicht Frauen über (andere) Frauen (spotten), die vielleicht besser sind als sie. Und verleumdet einander nicht und gebt einander nicht Schimpfnamen. Schon der bloße Name, der Schlechtes bedeutet, ist Unrecht nach dem Glauben; und wer nicht abläßt, das sind die Frevler.

104:1 Wehe jedem Lästerer, Verleumder.

4:78 Wo ihr auch sein möget, der Tod ereilt euch doch, und wäret ihr im festest gebauten Turm. Und wenn ihnen Gutes begegnet, so sprechen sie: »Das ist von Allah«; und wenn ihnen Schlimmes begegnet, so sprechen sie: »Das ist von dir.« Sprich: »Alles ist von Allah.« Was ist diesem Volk widerfahren, daß sie so weit davon sind, etwas zu begreifen?

6:60 Und Er ist es, Der eure Seelen zu Sich nimmt in der Nacht, und Er weiß, was ihr schaffet am Tag; dann erweckt Er euch wieder zum (Tageslicht), auf daß die vorbestimmte Frist vollendet werde. Zu Ihm ist dann eure Heimkehr; dann wird Er euch verkünden, was eure Werke waren.

6:61 Er ist der Höchste über Seine Diener, und Er sendet Wächter über euch, bis endlich, wenn der Tod an einen von euch herantritt, Unsere Gesandten seine Seele dahinnehmen, und sie säumen nicht.

6:62 Dann werden sie zurückgebracht zu Allah, ihrem wahren Herrn. Wahrlich, Sein ist das Urteil. Und Er ist der schnellste Rechner.

16:70 Und Allah erschafft euch, dann läßt Er euch sterben; und es gibt manche unter euch, die ins hinfällige (hilflose) Greisenalter getrieben werden, so daß sie nicht wissen, nachdem (sie) doch Wissen (besessen hatten). Wahrlich, Allah ist allwissend, allmächtig.

21:35 Jede Seele soll den Tod kosten; und Wir setzen euch Schlechtem und Gutem als Prüfungen aus, um euch auf die Probe zu stellen. Und zu Uns sollt ihr zurückgebracht werden.

30:40 Allah ist es, der euch erschaffen hat; und dann hat Er euch versorgt; dann wird Er euch sterben lassen, und dann wird Er euch wieder lebendig machen. Ist etwa unter euren Göttern einer, der etwas von diesem vollbringen könnte? Gepriesen sei Er und erhöht über all das, was sie (Ihm) an die Seite stellen.

Die »Stunde«

7:34 Jedem Volk ist eine Frist gesetzt, und wenn ihre Stunde gekommen ist, dann können sie (sie) auch nicht um einen Augenblick hinausschieben, noch können sie (sie) vorverschieben.

30:12 Und an dem Tage, da die »Stunde« herankommt, werden die Schuldigen von Verzweiflung übermannt werden.

30:13 Denn keiner von ihren Göttern wird ihnen Fürsprecher sein; und sie werden ihre Götter verleugnen.

30:14 Und an dem Tage, da die »Stunde« herankommt, an jenem Tage sollen sie voneinander getrennt werden.

30:15 Was nun die betrifft, die glaubten und gute Werke übten, so werden sie in einem Garten glücklich werden.

30:16 Jene aber, die ungläubig waren und Unsere Zeichen und die Begegnung im Jenseits leugneten, diese sollen zur Strafe herbeigebracht werden.

33:63 Die Menschen befragen dich über die »Stunde«. Sprich: »Das Wissen um sie ist allein bei Allah«, und wie kannst du wissen? Vielleicht ist die »Stunde« nahe.

40:59 Die »Stunde« kommt gewiß; daran ist kein Zweifel; doch glauben die meisten Menschen nicht.

Sünde

3:135   Und die, so sie eine Untat begehen oder gegen sich selbst sündigen, Allahs gedenken und um Verzeihung flehen für ihre Sünden – und wer kann Sünden vergeben außer Allah? – und die nicht wissentlich beharren in ihrem Tun.

4:31   Wenn ihr euch von den schweren (Sünden) unter den euch verbotenen Dingen fernhaltet, dann werden wir eure (geringeren) Sünden von euch hinwegnehmen und euch an einen ehrenvollen Platz führen.

4:110   Wer Böses tut oder sich gegen seine Seele versündigt und dann bei Allah Vergebung sucht, der wird Allah langmütig vergebend (und) barmherzig finden.

4:111   Und wer eine Sünde begeht, der begeht sie nur gegen sein eigenes Selbst. Und Allah ist allwissend, weise.

4:112   Und wer ein Unrecht oder eine Sünde begeht und sie dann einem Unschuldigen zur Last legt, der hat gewiß Verleumdung und offenbare Sünde auf sich geladen.

6:120   Und meidet offenbare Sünden so wie geheime. Wahrlich, diejenigen, welche Sünden begehen, werden (dereinst) sicherlich nach Verdienst belohnt werden.

Testament

2:180   Vorgeschrieben ist euch: Wenn einem unter euch der Tod naht, so soll er, falls er viel Reichtum hinterläßt, ein Testament machen für Eltern und nahe Verwandte, um in Billigkeit zu handeln – eine Pflicht für die Gottesfürchtigen.

2:181 Und wer es ändert, nachdem er es (aus dem Mund des Sterbenden) gehört hat – die Schuld dafür soll wahrlich auf denen lasten, die es ändern. Allah ist allhörend, allwissend.

5:106 O die ihr glaubt! Die (rechte) Zeugenschaft unter euch, wenn der Tod an einen von euch herantritt, im Zeitpunkt des Testaments, ist (von) zwei redlichen Männern aus eurer Mitte; oder zwei von anderen, die nicht zu euch gehören, wenn ihr gerade im Land umherreist und das Unglück des Todes euch trifft. Ihr sollt sie beide nach dem Gebet zurückhalten; und wenn ihr zweifelt, so sollen sie beide bei Allah schwören: »Wir nehmen keinen Preis in Tausch für dies, handelte es sich auch um einen nahen Verwandten, und wir verhehlen nicht das Zeugnis, das Allah (gebot); wahrlich, wir wären sonst Sünder.«

5:107 Wenn es aber bekannt wird, daß die beiden (Zeugen) sich der Sünde schuldig gemacht haben, dann sollen zwei andere an ihre Stelle treten aus der Zahl derer, gegen welche die zwei – die am besten in der Lage waren (zu bezeugen) – ausgesagt haben, und die beiden (späteren Zeugen) sollen bei Allah schwören: »Wahrlich, unser Zeugnis ist wahrhaftiger als das Zeugnis der beiden (früheren), und wir sind nicht unredlich gewesen; sonst wären wir von den Ungerechten.«

5:108 So ist wahrscheinlicher, daß sie wahres Zeugnis ablegen oder daß sie fürchten, es möchten andere Eide gefordert werden, nachdem sie geschworen haben, und fürchtet Allah und höret! Denn Allah leitet nicht das ungehorsame Volk.

7:11 Und Wir haben euch erschaffen, dann gaben Wir euch Gestalt; dann sprachen Wir zu den Engeln: »Unterwerfet euch Adam«; und sie alle unterwarfen sich. Nur Iblis (der Teufel) nicht; er wollte nicht von denen sein, die sich unterwarfen.

7:12 (Gott) sprach: »Was hinderte dich, daß du dich nicht unterwarfest, als Ich es dir gebot?« Er sprach: »Ich bin besser als er. Du hast mich aus Feuer erschaffen, ihn aber erschufst Du aus Lehm!«

7:13 (Gott) sprach: »Hinab mit dir von hier (vom Paradies auf die Erde); es ziemt sich nicht für dich, hier hochmütig zu sein. Hinaus denn; du bist wahrlich der Erniedrigten einer.«

7:14 Er sprach: »Gewähre mir Aufschub bis zum Tage, wenn sie auferweckt werden.«

7:15 (Gott) sprach: »Du sollst unter denen sein, die Aufschub erlangen.«

7:16 Er sprach: »Darum, da Du mich als verloren verurteilt hast, will ich ihnen gewißlich auflauern auf Deinem geraden Weg.

7:17 Dann will ich über sie kommen von vorne und von hinten, von ihrer Rechten und von ihrer Linken, und Du wirst die Mehrzahl von ihnen nicht dankbar finden.«

7:18 (Gott) sprach: »Fort mit dir, verachtet und verstoßen (bist du)! Wahrlich, wer von ihnen dir folgt – Ich werde die Hölle füllen mit euch allesamt.«

7:19 »O Adam, weile du und dein Weib in dem Garten und esset von ihm, wo immer ihr wollt, nur nähert euch nicht diesem Baum, sonst seid ihr Ungerechte.«

7:20 Doch Satan flüsterte ihnen Böses ein, daß er ihnen kundtun möchte, was ihnen verborgen war von ihrer Scham. Er sprach: »Euer Herr hat euch diesen Baum nur deshalb verboten, damit ihr nicht Engel werdet oder Ewiglebende.«

7:21 Und er schwor ihnen: »Gewiß, ich bin euch ein aufrichtiger Ratgeber.«

7:22 So verführte er sie durch Trug. Und als sie von dem Baum kosteten, da war ihre Scham ihnen offenbar und sie begannen sich in die Blätter des Gartens zu hüllen. Und ihr Herr rief sie: »Habe ich euch nicht diesen Baum verwehrt und euch gesagt: ›Wahrlich, Satan ist euch ein offenkundiger Feind?‹«

7:23 Sie sprachen: »Unser Herr, wir haben gegen uns selbst gesündigt; und wenn Du uns nicht verzeihst und Dich unser erbarmst, dann werden wir gewiß unter den Verlorenen sein.«

7:24 Er sprach: »Geht aus von hier (vom Paradies auf die Erde), da einer des anderen Feind ist. Und es sei euch auf der Erde eine Stätte und eine Versorgung auf Zeit.«

7:25 Er sagte: »Dort sollt ihr leben, und dort sollt ihr sterben, und von dort sollt ihr hervorgebracht werden.«

7:27 O Kinder Adams, laßt Satan euch nicht verführen, wie er eure Eltern aus dem Garten vertrieb, ihnen ihre Kleidung raubend, um sie ihre Scham sehen zu lassen. Wahrlich, er sieht euch, er und seine Schar, von wo ihr sie nicht seht. Denn siehe, Wir haben den Teufel zu Freunden derer gemacht, die nicht glauben.

7:30 Einige hat Er geleitet, anderen aber war nach Gebühr Irrtum zuteil. Sie haben sich die Teufel zu Freunden genommen und Allah ausgeschlossen, und sie wähnen, rechtgeleitet zu sein.

7:200 Und wenn eine böse Einflüsterung von Satan dich anreizt, dann nimm deine Zuflucht bei Allah; wahrlich, Er ist allhörend, allwissend.

24:21 O die ihr glaubt, folgt nicht den Fußstapfen Satans. Und wer den Fußstapfen Satans folgt, (dem) wird er gewiß Unsittliches und Ungerechtes gebieten. Und wäre nicht Allahs Huld und Seine Barmherzigkeit gegen euch, nicht einer von euch wäre je rein geworden; doch Allah reinigt, wen Er will. Und Allah ist allhörend, allwissend.

35 : 6 Wahrlich, Satan ist euch ein Feind; so behandelt ihn als einen Feind. Er ruft seine Anhänger nur herbei, damit sie Bewohner des flammenden Feuers werden möchten.

Tiere

6 : 142 Und von dem Hausvieh (schuf Er) manche zu Lasttieren und manche zu Schlachttieren. Eßt von dem, was Allah euch bereitet hat, und folgt nicht den Fußstapfen Satans. Wahrlich, er ist euch ein offenkundiger Feind.

6 : 143 (Und von dem Hausvieh hat Er) acht zu Paaren (erschaffen): Von den Schafen ein Paar, und von den Ziegen ein Paar. Sprich: »Sind es die beiden Männchen, die Er verboten hat, oder die beiden Weibchen oder das, was der Mutterschoß der beiden Weibchen umschließt? Verkündet es mir mit Wissen, wenn ihr wahrhaft seid.«

6 : 144 Und von den Kamelen ein Paar, und von den Rindern ein Paar. Sprich: »Sind es die beiden Männchen, die Er verboten hat, oder die beiden Weibchen oder das, was der Mutterschoß der beiden Weibchen umschließt?« Waret ihr dabei, als Allah euch dies anbefahl? Wer ist also ungerechter als der, welcher eine Lüge gegen Allah ersinnt, um Leute ohne Wissen irrezuführen? Wahrlich, Allah leitet das ungerechte Volk nicht.

16 : 5 Und das Vieh hat Er erschaffen, ihr habt an ihm Wärme und (anderen) Nutzen; und einiges davon esset ihr.

16 : 6 Und es ist Schönheit darin für euch, wenn ihr es abends eintreibt und morgens austreibt auf die Weide.

16:7 Und sie tragen eure Lasten in ein Land, das ihr nicht erreichen könntet, es sei denn mit großer Mühsal für euch selbst. Wahrlich, euer Herr ist gütig, barmherzig.

16:8 Und (erschaffen hat Er) Pferde und Maultiere und Esel, daß ihr auf ihnen reiten möchtet und als Schmuck. Und Er wird erschaffen, was ihr (noch) nicht kennt.

16:14 Und Er ist es, der (euch) das Meer dienstbar gemacht hat, daß ihr frisches Fleisch daraus essen und Schmuck aus ihm hervorholen möget, den ihr anlegt. Und du siehst Schiffe es durchpflügen, daß (ihr damit reisen möget) und sucht Seine Huld und daß ihr dankbar seiet.

16:66 Wahrlich, (auch) an den Tieren habt ihr eine Lehre für euch. Wir geben euch zu trinken von dem, was in ihren Leibern ist, zwischen Kot und Blut in der Mitte, Milch, die für die Trinkenden so angenehm ist.

16:68 Und dein Herr hat der Biene eingegeben: »Baue dir Häuser in den Bergen und in den Bäumen und in den Spalieren, die sie (die Menschen) errichten.

16:69 Dann iß von allen Früchten und folge den Wegen deines Herrn, (die Er dir) leicht gemacht hat.« Aus ihren Leibern kommt ein Trank, mannigfach an Farbe (der Honig). Darin ist Heilung für die Menschen. Wahrlich, hierin ist ein Zeichen für Leute, die nachdenken.

16:79 Sehen sie nicht die Vögel, wie sie in Dienstbarkeit gehalten sind im Gewölbe des Himmels? Keiner hält sie zurück als Allah. Wahrlich, darin sind Zeichen für Leute, die glauben.

16:80 Und Allah hat euch in euren Häusern einen Ruheplatz gemacht, und Er hat euch aus den Häuten der Tiere Wohnungen gemacht, die ihr leicht findet zur Zeit, wenn ihr reiset, und zur Zeit, wenn ihr haltet; und ihre Wolle und ihren Pelz und ihre

Haare (gab Er euch) zu Hausbedarf und Gerät-
schaft auf eine Zeit.

Töchter

16:57 Und sie dichten Allah Töchter (Engel) an, – heilig
ist Er! während sie (selbst) haben was sie begehren
(Söhne).

16:58 Und wenn einem von ihnen die Nachricht von (der
Geburt) einer Tochter gebracht wird, so verfinstert
sich sein Gesicht, indes er den inneren Schmerz
drückt.

16:59 Er verbirgt sich vor den Leuten wegen der schlim-
men Nachricht, die er erhalten hat: »Soll er sie
trotz der Schande behalten oder im Staub verschar-
ren?« Wahrlich, übel ist, was sie entscheiden.

17:40 Hat euer Herr euch denn mit Söhnen bevorzugt
und für Sich Selbst Töchter aus der Schar der Engel
genommen? Wahrlich, ihr sagt da was Gewaltiges
(Unerhörtes) aus.

Töten

4:92 Kein Gläubiger darf einen (anderen) Gläubigen töten, es geschehe denn aus Versehen. Und wer einen
Gläubigen aus Versehen tötet, der soll zur Sühne
einen gläubigen Sklaven befreien und Blutgeld an
die Erben zahlen, es sei denn, sie erlassen es aus
Mildtätigkeit. Stammt der Erschlagene aber von einem Volk, das euch feindlich ist, und war er gläubig, dann soll (der Totschläger nur) einen gläubigen Sklaven befreien; stammt er dagegen von einem Volk, das euch durch Bündnis verbunden ist,

dann soll (der Totschläger) an seine Erben Blutgeld zahlen und einen gläubigen Sklaven befreien. Wer aber keinen findet, der soll zwei Monate hintereinander fasten – eine Barmherzigkeit von Allah. Und Allah ist allwissend, weise.

4:93   Und wer einen Gläubigen vorsätzlich tötet, dessen Lohn ist die Hölle, worin er bleiben soll. Allah wird ihm zürnen und ihn verfluchen und ihm (im Jenseits) schwere Strafe bereiten.

17:31   Tötet eure Kinder nicht aus Furcht vor Armut; Wir sorgen für sie und für euch. Fürwahr, sie zu töten ist eine große Sünde.

17:33   Und tötet niemand, den (zu töten) Allah verboten hat, außer wenn ihr dazu berechtigt seid! Wenn einer zu Unrecht getötet wird, dessen Erben haben Wir gewiß Ermächtigung gegeben (Sühne zu fordern); doch soll er bei der Tötung die (vorgeschriebenen) Grenzen nicht überschreiten; denn er findet Hilfe (im Gesetz).

Toleranz

2:62   Wahrlich, die Gläubigen und die Juden und die Christen und die Sabäer – wer immer (unter diesen) wahrhaft an Allah glaubt und an den Jüngsten Tag und gute Werke tut –, sie sollen ihren Lohn empfangen von ihrem Herrn, und keine Furcht soll über sie kommen, noch sollen sie trauern.

2:256   Es soll kein Zwang sein im Glauben. Gewiß, Recht ist nunmehr deutlich unterscheidbar von Unrecht; wer also sich von den Frevlern nicht leiten läßt und an Allah glaubt, der hat sicherlich eine starke Handhabe ergriffen, die kein Brechen kennt; und Allah ist allhörend, allwissend.

9:6 Und wenn einer der Götzendiener bei dir Schutz sucht, dann gewähre ihm Schutz, auf daß er Allahs Wort vernehme; hierauf lasse ihn die Stätte seiner Sicherheit erreichen. Dies, weil sie ein unwissendes Volk sind.

10:99 Und wenn dein Herr gewollt hätte, würden die, die auf der Erde sind, alle zusammen gläubig werden. Willst nun du die Menschen (dazu) zwingen, daß sie glauben?

29:46 Und streitet nicht mit dem Volk der Schrift, es sei denn in der besten Art; doch (streitet überhaupt nicht) mit denen von ihnen, die ungerecht sind. Und sprecht: »Wir glauben an das, was uns offenbart ward und was euch offenbart ward; und unser Gott und euer Gott ist Einer; und Ihm sind wir ergeben.«

50:43 Wahrlich, Wir Selbst machen lebendig und töten, und zu uns ist die Heimkehr.

60:7 Vielleicht wird Allah Liebe setzen zwischen euch und denen unter ihnen, mit denen ihr in Feindschaft lebt; denn Allah ist allmächtig; und Allah ist allverzeihend, barmherzig.

Umra, kleine Pilgerfahrt

2:158 Gewiß, Al-Safa und Al-Marwa (Hügel bei Mekka) sind unter den Zeichen Allahs. Darum ist es keine Sünde für den, der nach dem Hause (Gottes) pilgert oder die Umra vollzieht, wenn er um die beiden (Hügel) herumgeht. Und wer da über das Pflichtgemäße hinaus Gutes tut – wahrlich, Allah ist erkenntlich, allwissend.

2:196 Und vollzieht die Pilgerfahrt und die Umra um Allahs willen: seid ihr jedoch behindert, so (bringt) ein Opfer (dar), das leicht erhältlich sei; und schert eure Häupter nicht eher, als bis das Opfer seinen Bestimmungsort erreicht hat. Und wer unter euch krank ist oder ein Leiden am Kopf hat, soll dafür Tilgung leisten durch Fasten oder Almosenspenden oder (sonst) ein Opfer. Seid ihr aber in Sicherheit, dann soll der, der die Umra vollziehen möchte zusammen mit Hadsch (die Pilgerfahrt), ein leicht erhältliches Opfer (darbringen). Die jedoch nichts (zum Opfern) finden können, sollen während der Pilgerfahrt drei Tage fasten und sieben nach der Heimkehr; das sind im ganzen zehn. Das gilt für den, dessen Familie nicht in der Nähe der Heiligen Moschee wohnt. Und fürchtet Allah und wißt, daß Allah streng im Strafen ist.

Unwissenheit, Unwissende

6:140 Verloren fürwahr sind jene, die ihre Kinder töten, aus Unwissenheit, und das für unerlaubt erklären, was Allah ihnen bereitet hat, Lüge gegen Allah erfindend. Sie sind wahrlich irregegangen und sind nicht recht geleitet.

7:199 Übe Nachsicht und gebiete Gütigkeit, und wende dich ab von den Unwissenden.

Unzucht

24:2 Weib und Mann, die des Ehebruchs oder der Hurerei schuldig sind, geißelt sie beide mit einhundert Streichen. Und laßt nicht Mitleid mit den beiden euch überwältigen in (der Ausführung) von Allahs Urteil, wenn ihr an Allah und an den Jüngsten Tag glaubt. Und eine Anzahl der Gläubigen soll ihrer Strafe beiwohnen.

24:3 Ein Mann, der dem Ehebruch oder der Hurerei ergeben ist, soll nur ein Weib von derselben Art oder eine Götzendienerin heiraten; und ein Weib, das dem Ehebruch oder der Hurerei ergeben ist, keiner soll sie heiraten als ein Mann von derselben Art oder ein Götzendiener. All das ist den Gläubigen verwehrt.

24:4 Und diejenigen, die züchtige Frauen verklagen, jedoch nicht vier Zeugen beibringen – geißelt sie mit achtzig Streichen und lasset ihre Aussage niemals gelten, denn sie sind es, die ruchlose Frevler sind.

24:5 Außer jenen, die hernach bereuen und sich bessern; denn wahrlich, Allah ist allvergebend, barmherzig.

24:6 Und jene, die ihre Gattinnen verklagen und keine Zeugen haben außer sich selber – die Aussage eines Mannes allein von solchen Leuten soll (genügen), wenn er viermal im Namen Allahs Zeugenschaft leistet, daß er zweifelsohne die Wahrheit redet;

24:7 Und (sein) fünfter (Eid) soll sein, daß der Fluch Allahs auf ihm sein möge, falls er ein Lügner ist.

24:8 Von ihr aber soll es die Strafe abwenden, wenn sie viermal im Namen Allahs Zeugenschaft leistet, daß er ein Lügner ist.

24:9 Und (ihr) fünfter (Eid) soll sein, daß der Zorn Allahs auf ihr sein möge, falls er die Wahrheit redet.

24:10 Wäre nicht Allahs Huld und Seine Barmherzigkeit gegen euch und (wäre es nicht) daß Allah vielvergebend ist (und) weise (ihr wäret verloren gewesen).

Unzucht unter den Frauen

4:15   Und wenn welche von euren Frauen Unzucht be-
       gehen, dann ruft vier von euch als Zeugen gegen sie
       auf; bezeugen sie es, dann schließt sie in die Häu-
       ser ein, bis der Tod sie ereilt oder Allah ihnen einen
       Ausweg eröffnet.

Unzucht unter den Männern

4:16   Und wenn zwei Männer unter euch solches bege-
       hen, dann bestraft sie beide. Wenn sie dann bereu-
       en und sich bessern, so laßt sie in Frieden; wahr-
       lich, Allah ist allverzeihend, barmherzig.

Vergebung

4:17   Wahrlich, Allah nimmt nur deren Reue gütig an,
       die unwissentlich Böses taten und bald darauf Bu-
       ße tun. Solchen wendet Allah sich erbarmend zu;
       und Allah ist allwissend, weise.

24:22 Und die von euch, die Reichtum und Überfluß
       besitzen, sollen nicht schwören, den Anverwand-
       ten und den Bedürftigen und den Allahs Pfad Aus-
       gewanderten nicht (mehr) zu geben. Sie sollen
       (vielmehr) vergeben und verzeihen. Wünscht ihr
       nicht, daß Allah euch vergebe? Und Allah ist ver-
       gebend, barmherzig.

39:53 Sprich: »O Meine Diener, die ihr euch gegen eure
       eigenen Seelen vergangen habt, verzweifelt nicht
       an Allahs Barmherzigkeit, denn Allah vergibt alle

Sünden. Wahrlich, Er ist der Verzeihende, der Barmherzige.«

61:12 Er wird euch eure Sünden vergeben und euch in Gärten führen, durch die Ströme fließen, und in entzückende Wohnungen in den Gärten der Ewigkeit. Das ist die höchste Glückseligkeit.

Vergeltung

2:178 O die ihr glaubt, Vergeltung (nach dem rechten Maß) ist euch vorgeschrieben für die Ermordeten: der Freie für den Freien, der Sklave für den Sklaven, und das Weib für das Weib. Wird einem aber etwas erlassen von seinem Bruder, dann soll (die Sühneforderung) mit Gerechtigkeit erhoben werden, und der (Mörder) soll ihm gutwillig Blutgeld zahlen. Das ist eine Erleichterung von eurem Herrn und eine Barmherzigkeit. Und wer hernach frevelt, den treffe schmerzliche Strafe.

2:179 Es liegt Leben für euch in der Wiedervergeltung, o ihr Verständigen, daß ihr Sicherheit genießen möget.

Verleumdung

4:112 Und wer ein Unrecht oder eine Sünde begeht und sie dann einem Unschuldigen zur Last legt, der hat gewiß Verleumdung und offenbare Sünde auf sich geladen.

49:11 O die ihr glaubt! Laßt nicht die einen über die andern spotten, die vielleicht besser sind als sie, und (laßt) nicht Frauen über (andere) Frauen (spotten), die vielleicht besser sind als sie. Und verleumdet einander nicht und gebt einander nicht Schimpfnamen. Schon der bloße Name, der Schlechtes bedeutet, ist Unrecht nach dem Glauben; und wer nicht abläßt, das sind die Frevler.

49:12 O die ihr glaubt! Vermeidet häufige Mutmaßungen, denn Mußmaßungen anstellen ist manchmal Sünde. Und spioniert und verleumdet einander nicht. Würde wohl einer von euch gerne das Fleisch seines toten Bruders essen? Sicherlich würdet ihr es verabscheuen. So fürchtet Allah. Wahrlich, Allah ist gnädig, barmherzig.

68:10 Und füge dich nicht irgendeinem verächtlichen Schwüremacher,

68:11 Verleumder, einem, der herumgeht, üble Nachrede zu verbreiten,

68:12 Hinderer des Guten, Übertreter, Sünder,

68:13 schlechten Benehmens, dazu von zweifelhafter Herkunft,

68:14 nur weil er Reichtümer und Kinder besitzt.

104:1 Wehe jedem Lästerer, Verleumder.

Verschwendung

7:31 O Kinder Adams, legt euren Schmuck an (zu jeder Zeit und) an jeder Stätte der Andacht, und esset und trinket, doch überschreitet die Grenzen nicht; denn wahrlich, Er liebt nicht die Unmäßigen.

17:26 Gib dem Verwandten, was ihm gebührt, und ebenso dem Armen und dem Wandersmann, aber vergeude (dein Vermögen) nicht verschwenderisch.

17:27 Wahrlich, die Verschwender sind Brüder der Teufel, und der Teufel ist undankbar gegen seinen Herrn.

17:29 Und laß deine Hand nicht an deinen Nacken gefesselt sein (sei nicht geizig), aber strecke sie auch
nicht zu weit geöffnet aus (sei nicht verschwenderisch), damit du nicht getadelt (wegen deines Gei-
zes, oder) verarmt (wegen deiner Verschwendung)
dasitzen mußt.

Verträge

8:58 Und wenn du von einem Volke Verräterei fürch-
test, so wirf ihnen (ihren Vertrag) vor die Füße
nach Gerechtigkeit. Wahrlich, Allah liebt nicht die
Verräter.

9:3 Und (das ist) eine Ankündigung von Allah und
Seinem Gesandten an die Menschen am Tage der
großen Pilgerfahrt, daß Allah los und ledig ist der
Götzendiener, und ebenso Sein Gesandter. Bereut
ihr also, so wird das besser für euch sein; kehrt ihr
euch jedoch ab, dann wisset, daß ihr Allahs (Plan)
nicht zuschanden machen könnt. Und verheiße
schmerzliche Strafe denen, die im Unglauben verharren,

9:4 mit Ausnahme jener Götzendiener, mit denen ihr
einen Vertrag eingegangen seid und die es euch
nicht an etwas haben gebrechen lassen und nicht
andere gegen euch unterstützt haben. Diesen gegenüber haltet den mit ihnen abgeschlossenen Vertrag, bis zum Ablauf der Frist. Wahrlich, Allah
liebt die Gerechten.

2:220 Und sie befragen dich über die Waisen. Sprich: »Förderung ihrer Wohlfahrt ist (eine Tat) großer Güte.« Und wenn ihr mit ihnen enge Beziehungen eingeht, so sind sie eure Brüder. Und Allah weiß den Unheilstifter vom Friedensstifter zu unterscheiden. Und hätte Allah gewollt, Er hätte es euch schwer gemacht. Wahrlich, Allah ist allmächtig, weise.

4:2 Und gebt den Waisen ihren Besitz und vertauscht nicht Gutes mit Schlechtem, und zehrt nicht auf ihren Besitz zusammen mit dem eurigen. Gewiß, das ist eine schwere Sünde.

4:6 Und prüfet die Waisen, bis sie das heiratsfähige (Alter) erreicht haben; wenn ihr dann an ihnen Verständigkeit wahrnehmt, so händigt ihnen ihren Besitz aus; und zehrt ihn nicht verschwenderisch und hastig auf, weil sie (bald) volljährig werden. Wer reich ist, enthalte sich ganz; und wer arm ist, zehre (davon) nach Gerechtigkeit. Und wenn ihr ihnen ihren Besitz aushändigt, nehmt Zeugen in ihrer Gegenwart. Und Allah genügt zur Rechenschaft.

4:8 Und wenn (andere) Verwandte und Waisen und Arme bei der Erbteilung zugegen sind, so gebt ihnen etwas davon und sprecht Worte der Güte zu ihnen.

4:10 Fürwahr, die den Besitz der Waisen widerrechtlich verzehren, schlucken nur Feuer in ihren Bauch, und sie sollen in flammendem Feuer brennen.

4:127 Und sie suchen bei dir den Entscheid (im Gesetz) über die Frauen. Sprich: »Allah gibt euch (hiermit) Seinen Entscheid über sie. Und (ebenso tut) das, was euch in dem Buch vorgetragen wird über die

Waisenmädchen, denen ihr nicht gebt, was für sie vorgeschrieben ist, und die ihr nicht zu heiraten wünscht, und (über) die Schwachen (Minderjährigen) unter den Kindern, und daß ihr Gerechtigkeit gegen die Waisen übt. Und was ihr Gutes tut, fürwahr, Allah weiß es wohl.«

Waschung, rituelle Waschung vor dem Gebet

5:6 O die ihr glaubt! Wenn ihr zum Gebet hintretet, so wascht euer Gesicht und eure Hände bis zu den Ellbogen, und wischt euch mit den nassen Händen über den Kopf, und (wascht) eure Füße bis zu den Knöcheln. Und wenn ihr (nach dem Beischlaf) unrein seid, reinigt euch (durch ein Bad).
Und wenn ihr krank oder auf einer Reise seid (und dabei unrein), oder wenn einer von euch vom Abtritt kommt, oder wenn ihr Frauen berührt habt, und ihr findet kein Wasser, so nehmt feinen Sand und reibt euch damit Gesicht und Hände. Allah will euch nicht in Schwierigkeiten bringen, Er will euch nur reinigen und Seine Gnade an euch erfüllen, auf daß ihr dankbar sein möget.

Wein und Glückspiel

2:219 Sie befragen dich über Wein und Glücksspiel. Sprich: »In beiden liegt große Sünde (Schaden) und auch (einiger) Nutzen für die Menschen; doch ihre Sünde (ihr Schaden) ist größer als ihr Nutzen.« Und sie fragen dich, was sie spenden sollen. Sprich: »Den Überschuß.« So macht euch Allah die Gebote klar.

5:90 O die ihr glaubt! Wein und Glücksspiel und Göt-
zenbilder und Lospfeile sind ein Abscheu und ein
Greuel, ein Werk Satans. So meidet sie allesamt,
auf das es euch wohlergehe.

5:91 Satan will durch Wein und Glücksspiel nur Feindschaft und Haß zwischen euch erregen, um euch so
vom Gedanken an Allah und vom Gebet abzuhal-
ten. Doch werdet ihr euch abhalten lassen?

Zakat, Almosen

2:43 Und verrichtet das Gebet und zahlet die Zakat,
und beugt euch mit denen, die sich beugen.

2:177 Die Frömmigkeit besteht nicht darin, daß ihr euch
(beim Gebet) mit dem Gesicht nach Osten oder
nach Westen kehrt, sondern wahrhaft gerecht ist
der, welcher an Allah glaubt und an den Jüngsten
Tag und an die Engel und das Buch und die Propheten und aus Liebe zu Ihm sein Geld ausgibt für
die Angehörigen und für die Waisen und Armen
und für den Wandersmann und die, die um eine
milde Gabe bitten, und für (Loskauf der) Gefangenen, und der das Gebet verrichtet und die Zakat
zahlt; sowie jene, die ihr Versprechen halten, wenn
sie eines gegeben haben, und die in Armut und
Trübsal Geduldigen und die in Kriegszeit (Standhaften); sie sind es, die sich als redlich bewährt
haben, und sie sind die Gottesfürchtigen.

9:60 Die Almosen sind nur für die Armen und Bedürftigen und für die mit ihrer Verteilung Beauftragten
und für die, deren Herzen versöhnt werden sollen,
für die (Befreiung von) Sklaven und für die Schuldner, für die Sache Allahs und für den Wander-
mann: eine Vorschrift von Allah. Und Allah ist
allwissend, weise.

22:78 Und eifert in Allahs Sache, wie dafür geeifert werden soll. Er hat euch erwählt und hat euch keine Härten auferlegt in der Religion; (folget) dem Bekenntnis eures Vaters Abraham. Er ist es, der euch vordem schon Muslims nannte und (nun) in diesem (Buche), damit der Gesandte Zeuge sei über euch und damit ihr Zeugen seiet über die Menschen. Darum verrichtet das Gebet und zahlet die Zakat und haltet fest an Allah. Er ist euer Gebieter. Ein vortrefflicher Gebieter und ein vortrefflicher Helfer!

Zins

2:275 Diejenigen, die Zins nehmen (verzehren), sollen nicht anders auferstehen, als einer aufersteht, den Satan mit Wahnsinn geschlagen hat. Dies, weil sie sprechen: »Handel ist gleich Zinsnehmen«, während Allah doch Handel erlaubt und Zinsnehmen untersagt hat. Wer also eine Ermahnung von seinem Herrn bekommt und (davon) absteht, dem soll das verbleiben, was er in der Vergangenheit empfangen hat; und seine Sache ist bei Allah. Die aber rückfällig werden, die sind des Feuers Bewohner; darin müssen sie bleiben.

2:276 Allah läßt den Zins (des Wucherers) dahinschwinden, aber verzinst die Mildtätigkeit. Und Allah liebt keinen, der ein hartnäckiger Ungläubiger und Sünder ist.

4:160 Deshalb, wegen der Sünde der Juden, haben Wir ihnen reine Dinge untersagt, die ihnen vordem erlaubt waren, wie auch, weil sie viele abtrünnig machten von Allahs Weg.

4:161 Und (weil sie) Zins nahmen, obgleich es ihnen verboten war, und weil sie das Vermögen der Leute in betrügerischer Weise aufzehrten. Wir haben den

Ungläubigen unter ihnen eine schmerzliche Strafe (im Jenseits) bereitet.

30:39 Was immer ihr auf Zinsen verleiht, damit es sich vermehre mit dem Vermögen der Menschen, es vermehrt sich nicht in den Augen Allahs; doch was ihr an Zakat gebt, indem ihr nur nach Allahs Antlitz verlangt – sie sind es, die (ihr Guthaben) vervielfachen.

Verzeichnis der Ajats

Quellen

Der heilige Qu'ran. Herausgegeben von der Ahmediyya Mission des Islams, Zürich, Hamburg. Im Auftrag der Oriental and Religious Publishing Corporation, Rabwah (Pakistan). Wiesbaden, Harrassowitz 1954. Die Textgrundlage dieser Auswahl.

Rudi Paret: Der Koran. Bd. 1: Übersetzung; Bd. 2: Kommentar und Konkordanz. 2. verb. Auflage, Stuttgart, Kohlhammer 1982 und 1977. Auch als Taschenbuchausgabe im gleichen Verlag. Die beste wissenschaftliche Ausgabe.

Eric J. Hobsbawm
Das Zeitalter der Extreme
Weltgeschichte des 20. Jahrhunderts
Aus dem Englischen von Yvonne Badal
<u>dtv</u> 30657

Das »kurze 20. Jahrhundert« aus globaler Perspektive – auf der Basis ungeheuren Kenntnisreichtums wie auch persönlicher Erfahrung präzise analysiert und meisterhaft geschildert von einem der bedeutendsten Historiker unserer Zeit.

»Weit und breit ist kein Rivale von überlegener Kompetenz zu erkennen.« *Der Spiegel*

»Nur wenige Historiker dürften bereit und in der Lage sein, ein solches Unternehmen durchzuführen.« *Die Zeit*

»Ein weites Panorama dieses Jahrhunderts, ein beeindruckend argumentierender Wurf.« *Der Tagesspiegel*

»Wir können nur zurückblicken und feststellen, was auf dem Weg lag, der uns hierher geführt hat. Genau das habe ich in diesem Buch versucht. Wir wissen zwar nicht, wovon unsere Zukunft geprägt sein wird; doch ich habe der Versuchung nicht widerstehen können, auch über künftige Probleme nachzudenken, jedenfalls sofern sie aus den Ruinen jener Epoche auftauchen werden, die gerade zu Ende gegangen ist. Wollen wir hoffen, daß es eine bessere, gerechtere und lebenswertere Welt sein wird. Das alte Jahrhundert hat kein gutes Ende genommen.«
Eric Hobsbawm

Religion und Theologie

Peter Brown
Augustinus von Hippo
dtv 30759

Eugen Drewermann
Giordano Bruno
dtv 30747

Viktor E. Frankl
Der unbewußte Gott
Psychotherapie und
Religion
dtv 35058

Erich Fromm
**Das Christusdogma und
andere Essays**
Die wichtigsten religions-
kritischen Schriften
dtv 35007

Jean Guitton
Grichka Bogdanov
Igor Bogdanov
**Gott und die
Wissenschaft**
Auf dem Weg zum
Meta-Realismus
dtv 33027

Carlo Maria Martini
Umberto Eco
**Woran glaubt, wer
nicht glaubt?**
dtv 36160

Gerald Messadié
Teufel, Satan, Luzifer
Universalgeschichte des
Bösen · dtv 30730

Christian Nürnberger
Kirche, wo bist du?
dtv premium 24232

Dorothee Sölle
Luise Schottroff
Den Himmel erden
Eine ökofeministische
Annäherung an die Bibel
dtv 30520

Dorothee Sölle
Luise Schottroff
Jesus von Nazaret
dtv 31026

Annemarie Schimmel
**Im Namen Allahs, des
Allbarmherzigen**
Der Islam
dtv 36111

Peter Schreiner
**Im Mondschein öffnet
sich der Lotus**
Der Hinduismus
dtv 36112

Gerhard Wehr
Giordano Bruno
dtv portrait 31025

Geschichte des 20. Jahrhunderts